少儿有声语言艺术训练丛书

少儿主持

与语言训练专家

魏正元　编著

成功篇
（13～15周岁）

4

HEUP 哈尔滨工程大学出版社

图书在版编目(CIP)数据

少儿主持与语言训练专家. 成功篇：13~15 周岁 /

魏正元编著. -- 哈尔滨：哈尔滨工程大学出版社，

2016.1

ISBN 978-7-5661-1190-6

Ⅰ. ①少… Ⅱ. ①魏… Ⅲ. ①主持人–语言艺术–少

儿读物 Ⅳ. ①G222.2-49

中国版本图书馆 CIP 数据核字(2016)第 008093 号

选题策划	吴振雷
责任编辑	张忠远　马毓聪
封面设计	张广东

出版发行	哈尔滨工程大学出版社
社　　址	哈尔滨市南岗区东大直街 124 号
邮政编码	150001
发行电话	0451-82519328
传　　真	0451-82519699
经　　销	新华书店
印　　刷	哈尔滨市石桥印务有限公司
开　　本	787mm×1 092mm 1/16
印　　张	22
字　　数	210 千字
版　　次	2016 年 1 月第 1 版
印　　次	2016 年 1 月第 1 次印刷
定　　价	49.00 元

http://www.hrbeupress.com

E-mail:heupress@hrbeu.edu.cn

序

闪亮的童心

——戏曲理论家魏正元先生素描

在 2002 年 9 月下旬哈尔滨日报举办的"圣泰杯"祖国颂诗歌朗诵大赛上，两位来自黑龙江省双城市的八岁小朋友韩明茜和高枫博尤其引人注目，他们是年龄最小的选手，因为突出的表现获得了大赛二等奖。据两个孩子的母亲介绍，孩子学习表演的时间只有半年，他们能在这么短的时间内取得如此优异的成绩，除了自身的努力，更是得益于魏正元老师的授业有方。魏老师在哈尔滨市少年宫、哈尔滨市少儿中心、哈尔滨市少儿图书馆以及双城市快乐少年之家辅导过上千名孩子，其中有不少学生脱颖而出，走上艺术道路。

对于中国的传统文化,魏老师有其独到的见解,他认为,民族、传统的东西无论如何不能丢掉,他还坚信,要使本民族的优秀文化传统得到传承、发扬,就要从孩子抓起。他善于因材施教,有独特的教学方法。在指导孩子时,所用的教材都是由他自己编写,无论是诗歌、快板、小故事还是童话剧,都十分适合孩子的特点,并融入了他对生活的独到理解。此次韩明茜、高枫博小朋友朗诵的诗歌,就是由他原创的。魏老师说,要教好孩子,首先要理解孩子,培养其能力和素质,要让他们有参与的信心,不要背着所谓得奖的包袱,否则不利于孩子进一步的成长。

近年来,魏老师在戏曲研究领域也取得了丰厚的成果。1997 年,他在湖北京剧表演艺术大师谭鑫培诞辰 150 周年学术研讨会上发表的论文,受到著名艺术理论家周传家、胡英明、蒋锡武等专业人士的称道。1998 年,他参加了"千禧年——两岸戏曲回顾与展望研讨会",发表的《中国新剧种论》受到与会者一致好评。此外,他所撰写的《时代、感情、节奏、色彩——戏曲消亡论辨析》《徽班进京的历史意义及贡献》《黑土戏剧的雅与俗》等长篇论文均被中国人民大学书报资料中心全文转载。对于戏曲研究,他十分痴迷,他还在《中国戏曲志·黑龙江卷》中担任编辑、撰稿,其中,《黑龙江京剧角色、行当、体制与沿革》一文,填补了这一研究领域的空白。

从书斋里走出,与孩子为伍,魏正元感到十分充实。他说:"我是个性情中人,我热爱孩子,是孩子们给了我一颗闪亮的童心。"

哈尔滨日报记者

2002 年 10 月 12 日

前　言

好口才是引领少年儿童前进的一面旗帜。

少儿节目主持是当下中国广播、电视中出现的一种新生事物，不仅赢得了广大少年儿童的喜爱，还激发了孩子们的学习兴趣。在受到社会广泛关注的同时，也获得了许多渴望孩子早日得到这方面素质教育和潜能培养的家长们的青睐。

30多年来，我在研究戏剧艺术理论的同时，利用业余时间在少儿图书馆、少儿活动中心、少年宫、青年宫、图书馆和各大幼儿园开设的少儿影视表演艺术班、口才与演讲班、诗歌朗诵与小主持人班等培训班中任教，先后辅导了数千名学生，结识了许多家长。根据时代的发展和广大家长与孩子们的需求，我边教学边创作，经过多年积累和课堂上的艺术实践，创编了这套适用于4~15周岁孩子学习的《少儿有声语言艺术训练丛书》。通过本教材的系统辅导和训练，可以使孩

子们在普通话和口语表达等方面的能力得到显著的提高，消除胆怯心理并增强自信心，学会与人沟通；改变内向性格并逐渐让自己活泼开朗，增强孩子们与他人交往的勇气；敢于当众讲话并主持班级与校园举办的各种课外活动，充分地展示少年儿童们的才艺和表达能力。一些孩子在参加全国及各市地举办的各类少儿主持人大赛中获得了奖项，甚至还和自己喜欢的著名影星、歌星、笑星一起参加了元旦、春节、儿童节、中秋节、国庆节等大型晚会以及各种扶贫济困等大型义演和电视直播节目。这些大型活动和演出极大地提高了孩子们对校园内相关文化课程浓厚的学习兴趣，在寓教于乐中激发了孩子们、家长和老师之间的心灵沟通，也提升了孩子们的口语水平和表达能力。

学习《少儿有声语言艺术训练丛书》对提高广大少年儿童的思辨能力和口语表达能力大有裨益。尤其是幼儿园的小朋友和校园学生，在参加校园和班级组织和开展的各类联欢会，以及各种有关的主持活动中得到锻炼，并能充分展示出自己的主持风格和才艺表演水平。在充满童心童真、童趣童味的主持活动中，既可以提高孩子的主持语智，又可以激活孩子的主持心智。这本《少儿有声语言艺术训练丛书》为广大少年儿童带来了新鲜和奇妙的感受，让孩子们的金色童年又多了一份特殊的趣味和欢乐。

本套《少儿有声语言艺术训练系列丛书》以普通话正音训练为基础。通过普通话练习，唇齿喉舌腭发音练习、绕口令训练、小主持人节

目训练，儿歌表演、诗歌朗诵、小散文诵读、故事和童话表演、小评书表演、小快板表演、小相声表演、语言情景短剧表演训练、无实物小品表演训练，可以使每个少年儿童在风趣幽默、愉悦欢乐的学习环境中学会普通话语音、发声和吐字的技巧，以及气息的把握和运用；学会流畅的语言表达，掌握会话艺术与主持、演讲的能力；学会用肢体语言表达思想情感，临场口才的运用、发挥，以及对现场主持的掌控和把握。无论是在宾客如云的场合，抑或口才与演讲表演的话筒旁，还是在电视节目录制现场的镜头前，孩子们都可以在一言一行、一举一动、一字一句、一颦一笑中，用真实、自然、质朴的情感和观众进行沟通和交流。从而使他们在学习和训练中，找到人生的坐标和表达自我真实情感的大舞台。通过《少儿有声语言艺术训练丛书》的训练和学习，可以打开每个孩子的形象思维之窗口，同时，也是在圆着家长们的一个"梦"。

　　《少儿有声语言艺术训练丛书》既适合少年宫(馆)幼儿园和幼儿师范学校，也适用于广大家长对孩子进行相关辅导和训练。本书是摸得着、看得见，并经过反复实践检验了的教学成果。

　　如果你想学习播音和主持，通过本书的学习和刻苦训练——你会从中找到步入语言艺术殿堂的钥匙。

　　如果你想拥有好口才，通过本书的学习和刻苦训练——你会从中找到锻炼口才的好方法。

如果你想学演讲,通过本书的学习和刻苦训练——你一定比没学过的小朋友和同学更具有"无可比拟"的语言和口才表演方面的优势。

如果你想提高自己的朗读水平,通过本书的学习和刻苦的训练——你可以用洪亮的声音,优美的音色,富有节奏和感染力的语言,把作品绘声绘色地表现出来。

魏正元

2015 年 12 月

目　录

第一章 基础训练

第一节 发音要领训练

一、学好声韵辨四声

学好声韵辨四声，

阴阳上去要分明。

部位方法要找准，

开齐合撮数口形。

双唇"班报必百波"，

舌尖"当地斗颠丁"。

舌根"高狗工耕故"，

舌面"积结教尖精"。

翘舌"主争真知照"，

平舌"资则早在增"。

擦音"发翻飞分复",

送气"查柴产彻称"。

合口"呼午枯胡古",

开口"河坡哥安争"。

撮口"虚学寻徐剧",

齐齿"衣优摇业英"。

前鼻"恩因烟弯稳",

后鼻"昂迎中拥生"。

咬紧字头归字尾,

不难达到纯和清。

二、关于双唇音、唇齿音的区别和认读

1.双唇音是 b(玻)、p(坡)、m(摸),上唇下唇要闭合。

2.唇齿音是 f(佛),下唇上齿要结合。

3.舌尖音分五组,巧记声母把话说。

(1)舌尖前音(亦叫平舌音)

z(资)、c(疵)、s(斯)舌尖上齿龈接触,发音要领要弄清。

(2)舌尖中音

d(得)、t(特)、n(讷)、l(勒)舌尖够着上牙床说。

(3)舌尖后音(亦叫翘舌音)

zh(知)、ch(吃)、sh(湿)、r(日)舌尖顶着硬上腭,慢慢练着说。

(4)舌面前音

j(鸡)、q(漆)、x(希)舌面前部须和硬腭上部接近并靠拢,离开门齿说不错。

(5)舌面后音(亦叫舌根音)

g(哥)、k(科)、h(喝)舌根后部找硬腭和软腭相交之处把话说。

舌面前音和舌面后音都叫舌面音,发音时要注意把握要领。

只要我们认识、了解、掌握了什么是双唇音,唇齿音(亦叫齿唇音),舌尖前音、舌尖中音、舌尖后音和舌面前音、舌面后音,普通话一定会说得既流利,又好听。尤其是平时说话平翘舌不分的人,只要把握住这几个要领,一定会有很大的收获。

三、平翘舌字音对比训练

(1)z—zh

孜—知 仔—纸 字—挚 砸—炸 宗—中 粽—种 醉—赘
赠—正 尊—谆 赞—占 澡—找 脏—张

(2)c—ch

才—豺 村—春 苍—昌 从—崇 惨—铲 曹—潮 崔—吹
窜—串 蹭—秤 次—翅

3

(3)s—sh

四—市 司—师 素—树 桑—伤 嗓—晌 伞—闪

腮—筛 洒—傻 丧—上 嗽—受 僧—生 森—深

四、平翘舌混杂字音识记训练

在职 杂质 载重 增长 资助 字纸 自重 宗旨 栽树

渣滓 张嘴 种族 长子 沼泽 振作

财产 操场

采茶 彩绸 餐车 残春

车次 唱次 蠢材

纯粹 差错 场次 陈词

丧失 桑葚 扫射 私塾 死水 四声

上诉 哨所 山色 深思 申诉

深邃 神速

五、平翘舌字音绕口令训练

杂志社

杂志社出杂志，杂志出在杂志社。

红砖堆

红砖堆，青砖堆，砖堆旁边蝴蝶追。

蝴蝶绕着砖堆飞，飞来飞去蝴蝶钻砖堆。

紫 瓷 盘

紫瓷盘,盛鱼翅。

一盘熟鱼翅,一盘生鱼翅。

迟小池拿了一把瓷汤匙,要吃清蒸美鱼翅。

一口鱼翅刚到嘴,鱼刺刺进齿缝里,

疼得小迟拍腿挠牙齿。

蚕 和 蝉

这是蚕,那是蝉。

蚕常在绿叶里藏,蝉常在树林里唱。

四 和 十

四是四,十是十,

十四是十四,四十是四十。

四十不是十四,十四不是四十。

谁说四十是十四,就打谁十四。

谁说十四是四十,就打谁四十。

要想说对四,舌尖碰牙齿;

要想说对十,舌头别伸直。

认真学,常练习,

十四、四十、四十四。

六、平翘舌字音区分训练

1. j(鸡)、q(漆)、x(西)和 zh(知)、ch(吃)、sh(湿)

(1)j—zh

兼职　紧张　家长　狡诈　价值　记者　急诊　加重　菌种

(2)zh—j

致敬　专家　湛江　浙江　章节　真假　折旧　转嫁　涨价

(3)q—ch

起床　倾城　沏茶　启程　汽车　切齿　清澈　前程

(4)ch—q

春秋　初期　插曲　唱腔　长期　纯情　重庆　抽签　垂青

(5)x—sh

消失　下霜　显示　学术　欣赏　兴盛　先生　学说

(6)sh—x

数学　盛行　书写　实效　书信　属性　收效　实行　山西

2.j(鸡)、q(漆)、x(希)和 z(资)、c(疵)、s(斯)

(1)j—z

积攒　结扎　节奏　尽责　竞走　静坐　拒载　佳作

(2)z—j

租金　醉酒　尊敬　资金　杂技　总结　自己　自觉　自居

(3)q—c

切磋　凄惨　取材　起草　器材　潜藏　其次　清脆　钱财

(4)c—q

采取　侧倾　残缺　从前　瓷器　草桥　篡权　凑巧　粗浅

(5)x—s

硝酸　徇私　虚岁　选送　血色　迅速　逊色　乡俗　辛酸

(6)s—x

索性　酸洗　搜寻　三线　送信　思想　送行　随想　思乡

3. z(资)、c(疵)、s(斯)和 zh(知)、ch(吃)、sh(湿)

(1)z—zh

咋—闸　则—哲　资—知　宰—窄　造—照　走—肘

暂—战　怎—枕　脏—章　增—征　足—竹　昨—卓

杂志　载重　增长　资助　总之　组织　遵照　作者

栽种　宗旨　阻止　奏章　罪证　在职　增值　滋长

紫竹　坐镇

振作　正在　正宗　知足　职责　侄子　沼泽　制作

铸造　著作　壮族　追踪　准则　种子　种族　治罪

装载　猪鬃

自力—智力　栽花—摘花　短暂—短站　暂时—战时

阻力—主力　大字—大志　造就—照旧　资源—支援

姿势—知识　钻营—专营　赠品—正品　赞歌—战歌

增光—争光　宗旨—终止　自愿—志愿

(2)c—ch

擦—插　测—撤　词—池　才—柴　草—炒　凑—臭　惨—产

仓—昌　粗—出　错—辍　崔—吹　篡—串　村—春　聪—冲

祠堂—池塘　擦车—叉车　乱草—乱吵　粗纺—出访　不曾—不成

擦车　财产　操场

操持　草创　残喘　磁场　促成　彩车　彩绸　餐车

辞呈　粗茶　仓储　错车　痤疮　草虫　猜出　采茶

存储　草床　藏储　菜虫

差错　炒菜　场次　车次　陈醋　成才　冲刺　除草

储存　纯粹　储藏　尺寸　揣测　春蚕　初次　虫草

筹措　穿刺　船舱　陈词　唱词　船次　超采

擦手—插手　粗布—初步　鱼刺—鱼翅　小草—小炒

推辞—推迟　村庄—春装　深藏—身长　惨淡—产蛋

木材—木柴　曾经—成精

(3)s—sh

洒—傻　色—社　四—事　扫—少　搜—收　三—山　桑—商

僧—声　森—深　缩—说　碎—睡　酸—栓　损—吮　赛—晒

撒手　赛事　丧失　扫射　私事　四声　四时　宿舍

诉说　随身　随时　缩水　桑树　松鼠　算术　琐事

唆使　碎石　损失　搜身　松石　三牲

哨所　深思　申诉　神色　神速

生死　生丝　胜似　时速　世俗　失色　食宿　失算

收缩　伸缩　疏散　输送　殊死　守岁　上司　上溯

赏俗　绳索　声随

四十—事实　散光—闪光　三哥—山歌　塞子—筛子

私人—诗人　撕纸—湿纸　三角—山脚　搜集—收集

司长—师长　死记—史记　酥油—输油　苏绣—舒袖

碎石—睡实　丝织—失职　算术—涮熟

七、平舌音+平舌音训练

猜测　才思　彩色　参赛　残存　蚕丝　惨死　仓促

沧桑　苍翠　操作　嘈杂　草丛　厕所　测算　层次

词组　从此　粗糙　摧残　催促　璀璨　村子　存在

塞子　桑蚕　丧葬　嗓子　嫂子　色泽　思忖　私自

四散　松散　送葬　搜索　塑造

诉讼　素材　酸枣

藏族　葬送　凿子　赠送　子孙

紫菜　自尊　字词　棕色　总算　粽子　走私　祖宗

阻塞　遵从　作祟　座舱

八、平舌音+翘舌音训练

擦拭　才智　财产　采摘　菜场　餐桌　参照　惨杀

蚕食　惨重　藏身　操场　草率　侧重　测试　辞职

瓷砖　磁场　雌蕊　慈善　次数　刺杀　从容　促使

粗壮　脆弱　村庄　存折　磋商　措施　挫折　撒手

洒水　撒种　赛车　赛场　散失　丧事　扫除　思潮

丝绸　私人　厮杀　死神　四周　搜查　俗称

素质　宿舍　诉说　速成　算术　虽然　随时　岁数

损失　唆使　所属　琐事

杂志　栽种　载重　在职

暂时　赞助　葬身　遭受　早晨　噪声　责任　增设

资产　姿势　自传　宗旨　总之　纵深　奏章　阻止

组织　诅咒　罪证　尊重　遵守　左手　作者　做主

坐镇

九、翘舌音+平舌音训练

差错　叉子　插嘴　禅宗　肠子　场所　唱词　超载

吵嘴　炒作　沉思　趁早　称赞　成才　乘坐　迟早

池子　尺寸　斥责　冲刺　充足　充实　筹措　出租

处死　储存　处所　揣测　穿梭　传诵　船舱　窗子
创造　吹奏　垂死　春色　纯粹
沙子　山村　擅自　赏赐
上层　勺子　哨所　涉足　申诉　伸缩　身材　深层
神色　婶子　肾脏　生存　声速　绳索　盛赞　胜任
失踪　师资　狮子　虱子　十足　石笋　实在　识字
史册　始祖　世俗　柿子　侍从　收缩　守则　手册
受灾　蔬菜　输送　疏散　赎罪　树丛　数字　水草
顺从
渣滓　榨菜　择菜　寨子　帐子　沼泽　折算
贞操　真丝　珍藏　诊所　振作　正在　政策　职责
侄子　制造　至此　致死　中层　种族　仲裁　周岁
珠算　竹笋　主宰　注册　柱子　贮存　著作　铸造
爪子　转速　装载　追踪　准则

十、翘舌音+翘舌音训练

差池　插手　查找　茶水　拆除　差使　潺潺
蟾蜍　产生　阐述　铲除　长征　尝试　常识　厂商
超出　朝政　潮湿　车站　撤职　沉着　陈述　衬衫
称职　成熟　诚挚　承受　惩治　城市　程式
持重　驰骋　赤诚　炽热　冲刷　充实　重申

崇尚　抽搐　惆怅　踌躇　仇视　出售　初中　除尘　厨师　橱窗

处置　触手　畜生　穿着　船长　创伤　垂直

纯真　蠢事　戳穿

杀伤　刹车　霎时　山川

杉树　删除　闪烁　善战　擅长　膳食　伤势　商场

上市　赏识　上升　烧伤　少数　奢侈　舍身　设施

射程　摄制　伸手　身世　深沉　绅士　神州

审查　甚至　慎重　生疏　声称　牲畜

省城　圣旨　胜任　盛产　尸首　湿润　施舍　失常

师长　时钟　实质　试制　视察　逝世

手术　首创　瘦弱　寿辰　受伤　输出　书桌

舒畅　熟睡　数说　树脂　数值　双重

水准　税收　顺手　瞬时　说唱　硕士

指示　摘除　沾染　展示

辗转　章程　长者　涨潮　招生　照射　诏书　肇事

折射　褶皱　侦察　珍珠　真诚　斟酌　诊治　镇守

争吵　挣扎　征兆　整数　正常　政治　证书

症状　郑重　只身　支撑　知识　直爽　执着　职称

十一、词语朗读训练

朗读下列词语。(每组限时 3 分钟)

第 一 组

产品 琼脂 选举 难受 呀嘴 散文 仍旧 拳头

夹生 衰落 悔改 挂帅 风光 缺少 漂流 重叠

跳脚 揣测 总统 墨水儿

第 二 组

剥夺 筷子 选择 弱小 孔雀 知道 奈何 尺子

虐待 吸吮 军阀 老婆 古董 自称 春播 仍然

流窜 蜷缩 绕嘴 沿边儿

第 三 组

编导 亏损 内科 胸膛 真菌 辗转 否定 儿孙

僧徒 暖和 人才 训练 骨髓 翅膀 捕捉 刹那

沮丧 酸软 进修 笔杆儿

第 四 组

额外 野草 赏赐 通知 柏树 群体 那时 品尝

放心 广告 车辆 照常 捐赠 尊称 耳朵 旅居

酝酿 琐碎 毗邻 走味儿

第 五 组

流失 快船 怀念 能源 果汁 贬值 高粱 生死

角色 运转 抹黑 儿女 疲劳 况且 雷达 感受

然后 屯扎 诗篇 走调儿

第 六 组

旅途 春光 染色 学费 秧歌 劳动 天窗 窘况

转身 润滑 破除 戛然 锐利 重申 不吝 泯灭

抓瞎 群众 聪明 光棍儿

第 七 组

破坏 热切 苍穹 娘胎 取消 美丽 虐待 戳穿

闺女 划算 裁缝 侵略 夸奖 窘迫 衰弱 总结

晕厥 宣称 自传 老头儿

第 八 组

墨汁 传播 压迫 保存 打扰 厕所 没辙 柿子

重新 荣辱 指头 痛快 申冤 揣测 主意 文学

损失 曲解 然而 纳闷儿

第 九 组

猜测 春耕 渺茫 群婚 拐弯 罪犯 融洽

专家 侵入 没落 谋害 宿舍 匀称 光彩 渲染

女性 作坊 倔强 奶嘴儿

第 十 组

掠取 农村 模仿 而且 漩涡 屋脊 中餐 损失

风水 钻研 钞票 啤酒 滑水 揣测 反应 葵花

蜷缩 最初 外边 老头儿

第十一组

军阀　全体　雪山　巨大　转载　敦促　罪责　坏处

雄厚　传达　瑕疵　污秽　允许　损伤　拓荒　标准

淳朴　软席　挑唆　金鱼儿

第十二组

爱抚　法网　假若　遵循　羞耻　所在　普通　寒碜

刺猬　群众　柔软　一致　辅导　凉快　牛奶　庸才

抓瞎　拼音　萎谢　耳垂儿

第十三组

芭蕾　耐用　尺寸　搜刮　品种　晕厥　幻灯　水闸

剽窃　旅店　仍旧　广播　叮嘱　棉花　军队　反省

闻名　腿脚　熔岩　唱片儿

第十四组

撒谎　羞怯　蹂躏　讨论　暖气　榫头　神龛　卡壳

迥然　惭愧　骡子　薄膜　压缩　脑筋　迅速　水域

快乐　丛刊　品行　打盹儿

第十五组

早操　彩色　害怕　本事　网球　穷忙　迥然　遮掩

娘胎　挂念　费用　远虑　侄女　淳朴　驻扎　天真

瓦解　翡翠　模型　做伴儿

第十六组

停泊　排斥　犬马　苹果　抱歉　旬刊　玄乎　佛教

嘴唇　搜集　软骨　晕厥　草率　废黜　胆怯　角色

阴谋　损耗　拘束　纳闷儿

第十七组

精心　差使　梅花　裁缝　颤悠　课文　作怪　蒜黄

庸碌　卓著　凌辱　简谱　总统　外界　攫取　培训

把手　枕套　老翁　玩意儿

十二、四字词正音训练

1.带"一"字的四字词训练

一日千里　一日三秋　一干二净　一气呵成　一心一德

一心一意　一了百了　一片丹心　一刀两断　一马平川

一马当先　一无所长　一无所有　一无是处　一木难支

一龙一蛇　一目了然　一字一珠　一字千金　一成不变

一本正经　一叶知秋　一片冰心　一见如故　一决雌雄

一手遮天　一团和气　一目十行　一举两得　一衣带水

一场春梦　一字之师　一枕黄粱　一面之交　一如既往

一事无成　一面之词　一拍即合　一劳永逸　一呼百应

一哄而散　一览无余　一脉相承　一举成名　一诺千金

一针见血　一身是胆　一家之言　一语道破　一唱一和

2.带"七"字的四字词训练

七上八下　七手八脚　七拼八凑　七零八落　七窍生烟

七擒七纵　七颠八倒　七嘴八舌

3.带"八"字的四字词训练

八方呼应　八斗之才　八仙过海　八字打开

八面玲珑　八面威风　八拜之交

4.不同声韵的四字词训练

中国伟大　山河美丽　天然宝藏　资源满地　阶级友爱

工农子弟　千锤百炼　中流砥柱　心明眼亮　精神百倍

光明磊落　身强体壮　山明水秀　花红柳绿　开渠引灌

风调雨顺　阴阳上去　非常好记　高扬转降　区别起落

我们可以通过不断地练习朗读以上四字声韵词来掌握四声正音的技巧。诵读时要注意气息的配合,放开声一口气读下来。

十三、上声的变调训练

1.口诀

两个上声字相连,前边上声字音变。

变读阳平第二声,语音好听声音甜。

鼓舞很好有理想,小品演讲在广场。

理想演讲还挺远,这些词组应多练。

(鼓字念 gú,很字念 hén,理字念 lí,小字念 xiáo,讲字念 jiáng,广

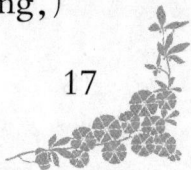

字念 guáng,演字念 yán,挺字念 tíng。)

三个上声字相连,前边二字把音变。

一二都读阳平音,最后一字音不变。

有展场买水彩笔,选举法在展览馆。

短跑组去省体委,舞蹈组还挺勇敢。

(水彩两字念 shuícái,选举两字念 xuánjú,展览两字念 zhánlán,短跑两字念 duánpáo,省体两字念 shéngtí,舞蹈两字念 wúdáo,挺勇两字念 tíngyóng。)

2.上声的变调实例训练

(1) 两个上声相连,一般前两个上声变阳平音调。

展览馆　洗脸水　手写体　选举法　管理组

(2)"一"的变调

"一"在单念、词句末、年月日中和表示序数时,要念成它本来的调即阴平一声。

国家的统一　一九九一年一月二十一日

一年级的成绩在全校第一

"一"在非去声(阴平、阳平、上声)前变为去声(念第四声 yì)。

① 在阴平前(yì)

一天　一般　一生　一家　一班　一瞥　一心　一些　一张

一经

② 在阳平前(yì)

一年　　一条　　一直　　一群　　一时

一鸣　　一齐　　一团　　一同　　一行

③ 上声前

一亩　　一起　　一手　　一宿　　一准

一早　　一举　　一杯　　一眼　　一般

④在去声(四声)前(yí)

一定　　一切　　一致　　一律　　一共　　一向　　一并

⑤夹在词语中念轻声

瞧一瞧　　走一走　　跑一跑　　跳一跳　　试一试

(3)"不"的变调

"不"字在单念时和句末念本声调去声(第四声),例如"不""偏不";在非去声(阴平、阳平、上声)前也念去声(即 bù,如"不安""不能""不久")。

不字在以下两种情况下变调。

① 在去声前变为阳平调(第二声 bú)

不幸　　不用　　不会　　不说　　不怕　　不愧　　不坏

② 夹在动词、形容词或动补结构之间念轻声

要不要　　做不做　　行不行　　好不好　　大不大　　说不清

学不会　　读不准　　跑不动　　跳不远

第二节 绕口令训练

一、双唇音绕口令训练

八百标兵奔北坡

八百标兵奔北坡,炮兵并排北边跑。

炮兵怕把标兵碰,标兵怕碰炮兵炮。

一平盆面,烙一平盆饼

一平盆面,烙一平盆饼,饼碰盆,盆碰饼。

补 皮 裤

出西门,走七步,拾了一条破皮裤。

皮裤破,补皮裤,皮裤不破不必补皮裤。

扁担长板凳宽

扁担长,板凳宽,

板凳没有扁担长,

扁担没有板凳宽,

扁担绑在板凳上，

板凳不让扁担绑在板凳上，

扁担偏要绑在板凳上。

炮兵和步兵

炮兵攻打八面坡，炮兵排排炮弹齐发射。

步兵逼近八面坡，歼敌八千八百八十多。

坡上立着一只鹅

坡上立着一只鹅，坡下就是一条河。

宽宽的河，肥肥的鹅，

鹅要过河，河要渡鹅。

不知是鹅过河，还是河渡鹅？

冰棒碰瓶

半盆冰棒半盆瓶，冰棒碰盆盆碰瓶。

盆碰冰棒盆不怕，冰棒碰瓶瓶必崩。

巴老爷芭蕉树

巴老爷有八十八棵芭蕉树,

来了八十八个把式要在巴老爷八十八棵芭蕉树下住。

巴老爷拔了八十八棵芭蕉树,

不让八十八个把式在芭蕉树下住。

八十八个把式烧了八十八棵芭蕉树,

巴老爷在八十八棵树边哭。

二、唇齿音绕口令训练

画 凤 凰

粉红墙上画凤凰,凤凰画在粉红墙。

红凤凰,粉凤凰,红粉凤凰花凤凰。

搭 木 房

红木方、黄木方,红黄木方搭木房。

红木方搭红木房,黄木方搭黄木房。

红黄木方一起搭,搭的木房红混黄。

帆船挂着白船帆

蓝海湾、漂帆船,帆船挂着白船帆。

风吹船帆船帆走,船帆带着船向前。

方方筐放方方房

方方筐、方方房，

方方筐放方方房，

方方房放方方筐。

缝　裤　缝

一条裤子七道缝，斜缝竖缝和横缝。

缝了斜缝缝竖缝，缝了竖缝缝斜缝。

缝　飞　凤

粉红女发奋缝飞凤，女粉红反缝方法繁。

飞凤仿佛发放芬芳，方法非凡反复防范。

反缝方法仿佛飞凤，反复翻缝飞凤奋飞。

父　　母

父母的父母扶父母，父母扶父母的父母。

父母是父母的父母，父母的父母是父母。

三、舌尖前音绕口令训练

杂志社出杂志

杂志社出杂志,杂志出在杂志社。

有政治常识、历史常识、

写作指导、诗词注释,

还有那——

植树造林、治理沼泽、

栽花种草、生产手册,

种种杂志数十册。

做 早 操

早晨早早起,早起做早操,

人人做早操,做操身体好。

桑 山

桑山青,桑山苍,桑山桑树满山冈。

桑山采桑上桑山,桑山采桑伤山桑。

子 词 丝

四十四个字和词，

组成一首子词丝的绕口词。

桃子李子梨子栗子橘子柿子橙子和榛子，

栽满院子村子和寨子。

刀子斧子锯子凿子锤子刨子尺子，做出桌子椅子和箱子。

名词动词数词量词代词副词助词连词，连成语词诗词和唱词。

蚕丝生丝熟丝缫丝染丝晒丝纺丝织丝，自制粗丝细丝人造丝。

四、舌尖中音绕口令训练

白石搭白塔

白石塔，白石搭，

白石搭白塔，白塔白石搭，

搭好白石塔，白塔白又大。

颠 倒 歌

太阳从东往西落，听我唱个颠倒歌。

天上打雷没有响，地里石头滚上坡。

江里骆驼会下蛋，山里鲤鱼搭成窝。

腊月苦热直流汗，六月暴冷打哆嗦。

姐在房中头梳手，门外口袋把驴驮。

房上吊刀

房上吊刀，刀倒吊着，房上吊刀，刀倒吊着。

打　特　盗

调到敌岛打特盗，特盗太刁投短刀。

挡推顶打短刀掉，踏盗得刀盗打倒。

风停藤定铜铃静

东洞庭，西洞庭，

洞庭山上一条藤，

藤条顶上挂铜铃，

风吹藤动铜铃响，

风停藤定铜铃静。

炖冻豆腐

会炖我的炖冻豆腐，就来炖我的炖冻豆腐。

不会炖我的炖冻豆腐，就别炖我的炖冻豆腐。

五、舌尖后音绕口令训练

时事学习看报纸

史老师,讲时事,常学时事长知识。

时事学习看报纸,报纸登的是时事。

常看报纸要多思,心里装着天下事。

吃 葡 萄

吃葡萄不吐葡萄皮儿,不吃葡萄倒吐葡萄皮儿。

六、舌面前音绕口令训练

京剧和警句

京剧叫京剧,警句叫警句,

京剧不能叫警句,警句不能叫京剧。

锡 匠 卖 漆

锡匠卖漆,漆匠卖锡。

锡匠锡中兑漆,漆匠漆中兑锡。

七、舌面后音绕口令训练

哥挎瓜筐过宽沟

哥挎瓜筐过宽沟,赶快过沟看怪狗。

光看怪狗瓜筐扣,瓜滚筐空哥怪狗。

读 古 通 古

苦读古书懂古通古熟古，

不读古书不懂古不通古糊涂古。

八、前鼻音训练

(一)常用字训练

1.奔本笨、喷贫喷、闷门们闷、分芬纷坟焚汾、粉奋份粪嫩、根跟哏艮亘、肯垦恳啃、痕很狠恨、真贞针侦斟、诊疹枕缜、振震镇阵圳赈帧、晨辰沉忱臣尘、衬趁称、申绅伸呻身深参娠莘、神什沈婶审甚肾渗慎、人仁忍荏、任认刃纫韧仞、怎参森、宾滨缤彬斌濒、品聘、敏皿闽悯泯、您、林淋琳邻临鳞、凛吝赁蔺、斤金今津禁筋襟、紧锦仅、尽进劲、禁近晋浸、亲侵钦、勤琴勤芹秦、寝沁亲、心芯新辛欣鑫薪馨、信衅、因姻殷阴、银垠吟寅蚓隐瘾引饮尹、印荫淫。

2.探、嫩、唤、钻、辫、闽、惋、挽、笨、罐、鹃、瓣、芬、掀、垫、免、占、环、番、思、襟、端、醮、焕、绚、繁、扮、贱、善、减、漫、鳞、琳、骗、便、陈、丹、显、联、伦、敦、旋、剪、粉、胆、舍、乱、勘、旬、品、丹、显、针、盏、栏、拌、馒、干、现、怨、渐、钱、远、含、练、贱、饭、乱、肯、言、愿、山、田、炖、连、炼、咱、淡、压、倦、汉、颜、检、烂、焰、严、韩、攒、歉、担、款、蛮、甜。

(二)鼻音代表字顺口溜练习

1. 农奴怒难耐，哪能拿牛奶。

2. 南宁年年暖,泥淖匿嫩鲇。

3.拈鲵腻黏糯,馁牛难撵碾。

(三)鼻音＋鼻音练习

奶奶　牛奶　男女　恼怒　能耐　泥泞　袅袅

(四)鼻音＋边音练习

哪里　那里　耐力　脑力　内陆　嫩绿　能量　尼龙

逆流　年龄　年轮　农历　浓烈　奴隶　努力

(五)边音＋鼻音练习

来年　烂泥　老年　冷凝　冷暖　利尿　连年　辽宁

(六)常用鼻音字组词练习

捉拿　哪儿　那儿　纳税　按捺　安娜　乃至　奶粉

耐心　奈何　男子　南北　难道　难民　囊括　阻挠

脑袋　恼火　玛瑙　闹钟　气馁　内容　鲜嫩　能手

尼姑　泥土　拟定　你们　亲昵　拘泥　霓虹灯

油腻　溺爱　年轻　念头　娘家　酝酿　鸟瞰　打蔫儿

尿素　捏造　镊子　涅槃　分蘖　宁静　狞笑　叮咛

拧干　凝固　拧开　宁愿　牛顿　扭转　纽扣　按钮

执拗　农村　浓度　玩弄　奴仆　怒火　女儿　暖和

疟疾　虐待

(七)前鼻音绕口令训练

红 饭 碗

红饭碗,黄饭碗,

红饭碗盛满饭碗,

黄饭碗盛饭半碗,

黄饭碗添了半碗饭,

红饭碗减了饭半碗,

黄饭碗比红饭碗又多半碗饭。

闷娃和笨娃

闷娃闷,笨娃笨,

闷娃嫌笨娃笨,笨娃嫌闷娃闷,

闷娃说笨娃我闷你笨,

笨娃说闷娃我笨你闷,

也不知是闷娃笨还是笨娃闷。

白云与羊群

蓝天上是片片白云,草原上是银色的羊群。

近处看,这是羊群,那是白云;

远处看,分不清哪是白云,哪是羊群。

阎圆眼和阎眼圆

山前有个阎圆眼,

山后有个阎眼圆,

二人山前来比眼,

不知是阎圆眼的眼圆,

还是阎眼圆的眼圆。

小任和小金

小任到东北看冰,小金到南方看景。

小任带着毛围巾,小金带着望远镜。

毛围巾可以挡寒风,望远镜可以看得清。

小任给小金带一块冰,小金给小任带一个景。

巾、金、景、镜,你要用眼睛去分清。

北京和天津

天津和北京,津京两个音。

一是前鼻音,一是后鼻音。

如果分不清,请你认真听。

九、后鼻音训练

(一)常用字训练

崩绷甭偋、逬蹦泵、烹怦抨砰、朋棚鹏彭膨蓬篷、捧碰、蒙盟濛、猛锰梦孟、风疯丰枫峰蜂烽封、逢缝冯、讽、凤奉缝、登灯等、登邓澄蹬、疼腾藤誊、能特冷愣楞、耕庚赓羹更、耿梗更、坑吭铿、亨哼横衡恒横、争筝睁挣征蒸、整拯、正政证症挣郑、称撑、成城诚承呈程惩澄乘盛、逞驰骋、生牲升声绳省胜盛圣剩、扔仍、曾增赠、曾层蹭、僧、兵冰柄炳秉饼禀病并、兵平评坪萍屏瓶凭、名铭明鸣冥酩命、丁叮钉、顶鼎定订钉锭、听厅汀、亭婷停、婷廷庭蜓、霆、挺艇、宁凝柠拧佞、另伶玲零铃龄聆图泠凌绫、岭领另令、京惊鲸茎经菁精睛晶荆兢旌、氢轻倾青清蜻卿、情晴擎、顷请庆、星腥猩兴、形型行、省醒、幸姓性杏、英应鹰婴樱鹦莺、营莹萤盈迎蝇赢颖、影映硬应。

(二)、后鼻韵母绕口令训练

盆 碰 饼

一平盆面烙一平盆饼,

饼平盆,盆平饼,

饼碰盆,盆碰饼。

【教学目的与训练提示】

这段绕口令里的"盆"和"面"是前鼻音,"平""饼""碰"是后鼻音字。

面铺面冲南

南门外有个面铺面冲南，

门上挂着蓝布棉门帘。

摘了蓝布棉门帘，

瞧了瞧，南门外头面铺面冲南；

挂上蓝布棉门帘，

瞧了瞧，还是南门外头面铺面冲南。

【教学目的与训练提示】

这段绕口令里的"上"字和"冲"字是后鼻音字，其他的都是前鼻音字。

南山修座发电站

出了营门向南看，

南山修座发电站。

全团都在把活干，

你也不能站着看。

你是帮着一营修发电站，

还是帮着二营、三营刨土埋电线杆，

还是爬上电线杆帮着绑电线。

【教学目的与训练提示】

这段绕口令里的"营""向""能""帮""绑"是后鼻音字,其他都是前鼻音字。

陈 和 程

姓陈不能说成姓程,

姓程也不能说成姓陈。

禾呈是程,耳东是陈,

如果陈程不分,就会认错人。

【教学目的与训练提示】

这段绕口令里的"陈""分""认""人"是前鼻音字,"姓""能""程""成""东"属后鼻音字。

说冷也不冷

真冷、真冷、真正冷,

冰冰冷、冷冰冰,人人都说冷,

猛地一阵风,更冷。

说冷也不冷,人能战胜风,更能战胜冷。

【教学目的与训练提示】

这段绕口令里的"真""人""战"是前鼻音字,"冷""重""冰""猛""风""更""胜""能"是后鼻音字。

学习就怕"满""懒""难"

学习就怕"满""懒""难",

心里有了"满""懒""难",

不看不钻就不前。

永不自满,边学边干,

蚂蚁也能搬泰山。

【教学目的与训练提示】

这段绕口令里的"满""懒""难""看""钻""前""边""干""搬""山"是前鼻音字,"永""能"是后鼻音字。

天上一个盆

天上一个盆,

地下一个棚,

盆碰棚,棚碰盆,

棚倒了,盆碎了,

是棚赔盆,还是盆赔棚?

【教学目的与训练提示】

这段绕口令里的"天""盆"是前鼻音字,"上""棚""碰"是后鼻音字。

通信不一定同姓

同姓不能说成通信，

通信也不能说成同姓；

同姓可以互相通信，

通信不一定同姓。

【教学目的与训练提示】

这段绕口令里的"姓"是前鼻音字，剩下的字都是后鼻音字。

土 变 金

你也勤来我也勤，

生产同心土变金，

工人农民亲兄弟，

心心相印团结紧。

【教学目的与训练提示】

这段绕口令里的"勤""产""心""变""金""人""民""亲""印""团""紧"是前鼻音字，"生""同""工""农""兄""相"是后鼻音字。

十一、贯口训练(报菜名、报国名)

报 菜 名

我爱吃：锅塌香椿芽、砂锅焖羊肉、铁板炒辣骨、铁锅杀猪菜、宏

图蟹肉翅、上汤小青龙、清蒸富贵鱼、鲍参鲨翅羹；糟鸭舌、糟凤爪，还有清蒸银雪鱼；熘肉段、熘肉片、熘肝尖、熘肚片，熘豆腐、熘鱼丸、熘三样、熘鸡段；还有全鱼、全羊、全鸡、全鸭、全猪、全鹅的农家宴。

【教学目的与训练提示】

这是一段由五字句变为三字句的"贯口活"。训练前要求背熟再加快，注意气息和气口的配合。

报　国　名

我们这的"中国甜"，远销日本，马来西亚，冰岛、芬兰，保加利亚，波兰、挪威，罗马尼亚，刚果、不丹，玻利维亚，比利时、阿富汗，丹麦、孟加拉，朝鲜、越南，印度尼西亚，泰国、菲律宾，新加坡、叙利亚，巴西、牙买加，阿曼、赞比亚，伊朗，土耳其，匈牙利、希腊、约旦、老挝，爱尔兰、葡萄牙、瑞士、意大利，荷兰、几内亚、美国、俄罗斯，古巴、加拿大，法国和德国，欧洲全开花。

十二、快口训练、(《三字经》联唱)

《三字经》联唱

《三字经》，蒙学篇，
文字简洁广流传。
朗朗上口好背诵，
犹如大海纳百川。

先唱这——

人之初，性本善，

性相近，习相远。

苟不教，性乃迁，

教之道，贵以专。

昔孟母，择邻处，

子不学，断机杼。

窦燕山，有义方，

教五子，名俱扬。

养不教，父之过，

教不严，师之惰。

子不学，非所宜，

幼不学，老何为。

玉不琢，不成器，

人不学，不知义。

为人子，方少时，

亲师友，习礼仪。

香九龄，能温席，

孝于亲，所当执。

融四岁，能让梨，

弟于长，宜先知。

首孝悌，次见闻，

知某数，识某文。

一而十，十而百，

百而千，千而万。

三才者，天地人，

三光者，日月星。

三纲者，君臣义，

父子亲，夫妇顺。

　　再唱这——

曰春夏，曰秋冬，

此四时，运不穷。

曰南北，曰西东，

此四方，应乎中。

曰水火，木金土，

此五行，本乎数。

曰仁义，礼智信，

此五常，不容紊。

稻粱菽，麦黍稷，

此六谷，人所食。

马牛羊，鸡犬豕，

此六畜，人所饲。

曰喜怒，曰哀惧，

爱恶欲，七情具。

匏土革，木石金，

丝与竹，乃八音。

《论语》《孟子》我必读，

《大学》《中庸》是国书。

诗书礼义要学懂，

需读国学《三字经》。

十三、快口训练（成语接龙大联唱）

成语接龙大联唱

打竹板，笑盈盈，

唱段成语大接龙。

接龙成语不好唱，

没有节奏更难听。

加上快板不一样，

又悦耳来又动听。

如果您要不相信，

听我唱给您来听。

一日千里，里应外合，

合情合理，理所不容，

容头过身，身经百战，

战天斗地，地大物博，

博古知今，今是昨非，

非同小可，可乘之机，

机不可失，失道寡助，

助人为乐，乐极生悲。

再唱这——

悲欢交切，窃窃私语，

语不择人，人命关天，

天壤之别，别具一格，

格格不入，入木三分，

分秒必争，争先恐后，

后患无穷，穷则思变，

变本加厉，厉兵秣马，

马壮人强，强记博闻，

闻鸡起舞，舞文弄墨，

墨守成规，规行矩步，

步月登云，云淡风轻，

轻而易举,举止大方,

方正不苟,苟延残息,

息息相关,关门大吉,

吉祥止止,止暴禁非,

非亲非故,故弄玄虚,

虚谈高论,论今说古,

古色古香,相安无事,

事半功倍,半信半疑,

疑鬼疑神,神通广大,

大呼小叫,叫苦连天,

天无二日,日行千里。

我再唱——

一鸣惊人,人山人海,

海阔天空,空前绝后,

后继有人,人定胜天,

天马行空,空穴来风,

风吹草动,动魄惊心,

心花怒放,放虎归山,

山高水低,低三下四,

四面楚歌,歌舞升平,

平心静气,气象万千,

千变万化,化为乌有,

有名无实,实事求是,

是古非今,今是昨非,

非驴非马,马到成功。

金龙载成语,成语唱接龙。

世世代代唱成语,

中华文化永传承。

十四、绕口令训练

一 树 枣 儿

出东门,过大桥,

一桥底下一树枣儿,

拿着竿子去打枣儿。

青的多、红的少。

一个枣,两个枣,三个枣,四个枣,五个枣,

六个枣,七个枣,八个枣,九个枣,十个枣。

十个枣,九个枣,八个枣,七个枣,六个枣,

五个枣,四个枣,三个枣,两个枣,一个枣。

这是一个绕口令,一气说完才算好。

数 葫 芦

一口气数不了二十四个葫芦四十八块瓢;

一个葫芦两块瓢,两个葫芦四块瓢,

三个葫芦六块瓢,四个葫芦八块瓢,

五个葫芦十块瓢,六个葫芦十二块瓢,

七个葫芦十四块瓢,八个葫芦十六块瓢,

九个葫芦十八块瓢,十个葫芦二十块瓢,

十一个葫芦二十二块瓢,十二个葫芦二十四块瓢,

十三个葫芦二十六块瓢,十四个葫芦二十八块瓢,

十五个葫芦三十块瓢,十六个葫芦三十二块瓢,

十七个葫芦三十四块瓢,十八个葫芦三十六块瓢,

十九个葫芦三十八块瓢,二十个葫芦四十块瓢,

二十一个葫芦四十二块瓢,二十二个葫芦四十四块瓢,

二十三个葫芦四十六块瓢,二十四个葫芦四十八块瓢。

满 天 星

天上看,满天星;

地下看,有个坑;

坑里看,有盘冰。

坑外长着一老松,松上落着一只鹰,

鹰下坐着一老僧，僧前点着一盏灯，

灯前搁着一部经，墙上钉着一根钉，

钉上挂着一张弓。

说刮风，就刮风，

刮得男女老少难把眼睛睁。

刮散了天上的星，刮平了地下的坑，

刮化了坑里的冰，刮倒了坑外的松，

刮飞了松上的鹰，刮走了鹰下的僧，

刮灭了僧前的灯，刮乱了灯前的经，

刮掉了墙上的钉，刮翻了钉上的弓。

只刮得星散、坑平、冰化、松倒、鹰飞、僧走、灯灭、经乱、钉掉、弓翻，这么一段绕口令，讲给你们听。

十 道 黑

一道黑，两道黑，三四五六七道黑，八道九道十道黑。

我买了一个烟袋，乌木杆儿，我是掐着它的两头那么一道黑。

二兄弟描眉来演戏，瞧着他的镜子那么两道黑。

粉皮墙写川字，横瞧竖瞧三道黑。

象牙桌子乌木腿儿，把它放着在那炕上那么四道黑。

我买了一只母鸡不下蛋，把它搁着在那笼里捂到黑。

挺好的骡子不吃草,把它牵着在那街上遛到黑。

买了一只小驴不套磨,给它背上它的鞍鞯骑到黑。

二姑娘南洼去割菜,丢了她的镰刀拔到黑。

月窠儿的小孩儿得了病,团几个艾球灸到黑。

卖瓜子儿的打瞌睡,哗啦啦地撒了这么一大堆,

他的扫帚簸箕不凑手,那么一个儿一个儿地拾到黑。

六十六岁的刘老六

六十六岁的刘老六,

修了六十六座走马楼,

楼上摆了六十六瓶苏合油,

门前栽了六十六棵垂杨柳,

垂柳上拴了六十六只大马猴。

忽然一阵狂风起,

吹倒了六十六座走马楼,

打翻了六十六瓶苏合油,

压倒了六十六棵垂杨柳,

吓跑了六十六只大马猴,

气坏了六十六岁的刘老六。

望　夜　空

望夜空,满天星,光闪闪,亮晶晶。

好像那,小银灯,大大小小,密密麻麻,闪闪烁烁,数也数不清。

仔细看,看分明,原来那群星分了星座还起了名。

按亮度,分了等:一等、二等、三等、四等、五等、六等,

一共分六等。

谁最亮,是一等,谁最暗,是六等;

一等到六等,总共不到六千九百多颗是恒星,

还能看见那大行星和卫星,小行星和彗星。

更有那无数无名点点繁星看不清,

要想看清它,请你借助现代化的天文望远镜。

百　家　姓

百家姓,姓百家,念错了,闹笑话。念念看,差不差?

查贾萨车柴沙夏,彭朋庞潘包白皮,马麦梅莫牟茅墨,

方黄王汪万范花,房洪冯凤丰封翁,付胡吴伍邬武乌,

仇周赵招曹寿邵,张常蒋章尚商姜,廖楼吕卢陆刘鲁,

李赖雷林龙梁凌,牛看聂倪宁侬南,高顾郭葛古柯戈,

甘耿关管邴康孔,陈郑沈程申岑曾,任饶荣戎融容阮,

翟赤祁齐薛戚季，何贺郝呼韩霍惠，佟东童董仲钟庄，

朱诸瞿褚祝储楚，许徐舒苏宋孙随，史诗石师施池斯，

尹易殷应言鄢严，俞余袁游尤姚尧，陶屠邵唐汤谭党，

乔丁邓杜铁腾戴。

大 世 界

数九寒天冷风飕，年年春打六九头，

正月十五龙灯会，有一对狮子滚绣球。

三月三王母娘娘蟠桃会，大闹天宫孙悟空把这仙桃偷。

五月当五端阳节，白蛇许仙不到头。

七月七传说名叫天河配，牛郎织女泪双流。

八月十五云遮月，月里嫦娥犯忧愁。

前门楼子九丈九，四门三桥五牌楼，出了门便往东走，

离城四十到通州，通州倒有六十六条胡同口，

里面住六十六岁刘老六、六十六岁刘老刘、六十六岁刘老头。

这老哥仁，家有六十六间好高楼，楼里有六十六瓶桂花油，

桌上摆六十六匹绿绉绸，绸上绣六十六个狮子滚绣球。

楼外有六十六根檩木轴，轴上拴六十六头大青牛，

牛上驮六十六只大马猴。

刘老六、刘老刘、刘老头，这老哥仁，坐在门外啃骨头。

打南边来了一条狗，这条狗好眼熟，好像我那大大妈家，

大大眉毛、大大耳朵、大大鼻子、大大口，大大妈家獒头狮子狗；

打北边又来了一条狗，那条狗更眼熟，好像我那二大妈家，

二大眉毛、二大耳朵、二大鼻子、二大口，二大妈家獒头狮子狗。

这两条狗抢骨头抢成仇，撞倒了六十六座好高楼，

碰洒了六十六瓶桂花油，油了那六十六匹绿绉绸，

脏了那六十六个狮子滚绣球。楼外头碰倒了六十六根檀木轴，

吓惊了六十六头大青牛，吓跑了六十六个大马猴。

刘老六、刘老刘、刘老头，这老哥仨，

打死了狗重盖起六十六间好高楼，扶起来六十六瓶桂花油，

洗干净六十六匹绿绉绸，洗净了六十六个狮子滚绣球。

楼外头又栽起来六十六根檩木轴，牵回来六十六头大青牛，

逮回来六十六只大马猴。

刘老六、刘老刘、刘老头，这老哥仨，

又看见鸡奔碎米囤漏斗，狗啃油篓篓漏油。

鸡不奔碎米囤不漏斗，狗不啃油篓篓不漏油。

正月里，正月正，有姐妹二人去逛灯，

大姑娘名叫粉红女，二姑娘名叫女粉红，

粉红女身穿一件粉红袄，女粉红身穿一件袄粉红。

粉红女怀抱一瓶粉红酒，女粉红怀抱一瓶酒粉红，

二人找到无人处，推杯换盏饮刘伶，

女粉红喝了粉红女的粉红酒，粉红女喝了女粉红的酒粉红，

女粉红喝了个酩酊醉，粉红女喝了个醉酩酊，

女粉女见了粉红女就打，粉红女见了女粉红就拧。

女粉红撕破粉红女的粉红袄，粉红女撕了女粉红的袄粉红。

二人打罢松了手，她们自个儿买线自个儿缝。

粉红女买了一根粉红线，女粉红买了一根线粉红，

粉红女缝反缝缝粉红袄，女粉红缝反缝缝袄粉红。

隔着窗户撕字纸，是字纸撕字纸，不是字纸不必撕字纸。

不知字纸里有多少字，字纸里包着细银丝，

细银丝上爬着四千四百四十四个似死似不死的小死虱子皮。

高高山上一老僧，身穿衲头几千层，

若问老僧年高迈，曾记得黄河九澄清，

五百年来一澄清，一共四千五百冬。

老僧教了八个徒弟，八个徒弟个个有法名。

大徒弟名叫青头愣，二徒弟名叫愣头青，

三徒弟名叫僧三点，四徒弟名叫点三僧，

五徒弟名叫崩胡卢巴，六徒弟名叫巴胡卢崩，

七徒弟名叫随风倒，八徒弟名叫倒随风。

老师父教他们八种艺，八仙过海各显其能。

青头愣会打磬,愣头青会撞钟,

僧三点会吹管,点三僧会吹笙,

崩胡卢巴会打鼓,巴胡卢崩会念经,

随风倒会扫地,倒随风会点灯,

老师父叫他们换一换,不知换成换不成。

愣头青打不了青头愣的磬,青头愣撞不了愣头青的钟,

点三僧吹不了僧三点的管,僧三点吹不了点三僧的笙,

巴胡卢崩打不了崩胡卢巴的鼓,崩胡卢巴念不了巴胡卢崩的经,

倒随风扫不了随风倒的地,随风倒点不了倒随风的灯。

老师父一见有了气,要打徒弟整八名,

眼看整八个徒弟要挨打,门外走进五位云游僧,

五位僧人把情讲,叫他们后院数玲珑。

玲珑宝塔十三层,一去数单层回来数双层,

谁要是数过来谁就是大师兄,谁要是数不过来玲珑塔,

叫他夜间罚跪到天明。

玲珑塔,塔玲珑,玲珑宝塔第一层,一张高桌四条腿,

一个和尚一本经,一副铙钹一口磬,一个木拉鱼子一盏灯,

一个金钟整四两,西北风一刮响花楞。

玲珑塔,塔玲珑,隔着二层数三层,三张高桌十二条腿,

三个和尚三本经,三副铙钹三口磬,三个木拉鱼子三盏灯,

三个金钟整十二两,西北风一刮响花楞。

玲珑塔,塔玲珑,玲珑宝塔第五层,五张高桌二十条腿,

五个和尚五本经,五副铙钹五口磬,五个木拉鱼子五盏灯,

五个金钟二十两,西北风一刮响花楞。

玲珑塔,塔玲珑,玲珑宝塔第七层,七张高桌二十八条腿,

七个和尚七本经,七副铙钹七口磬,七个木拉鱼子七盏灯,

七个金钟二十八两,西北风一刮响花楞。

玲珑塔,塔玲珑,玲珑宝塔第九层,九张高桌三十六条腿,

九个和尚九本经,九副铙钹九口磬,九个木拉鱼子九盏灯,

九个金钟三十六两,西北风一刮响花楞。

玲珑塔,塔玲珑,玲珑宝塔十一层,十一张高桌四十四条腿,

十一个和尚十一本经,十一副铙钹十一口磬,

十一个木拉鱼子十一盏灯,十一个金钟四十四两,

西北风一刮响花楞。

玲珑塔,塔玲珑,玲珑宝塔十三层,

十三张高桌五十二条腿,十三个和尚十三本经,

十三副铙钹十三口磬,十三个木拉鱼子十三盏灯,

十三个金钟五十二两,西北风一刮响花楞。

玲珑塔,塔玲珑,玲珑宝塔十二层,

十二张高桌四十八条腿,十二个和尚十二本经,

十二副铙钹十二口磬，十二个木拉鱼子十二盏灯，

十二个金钟四十八两，西北风一刮响花楞。

玲珑塔，塔玲珑，玲珑宝塔第十层，

十张高桌四十条腿，十个和尚十本经，

十副铙钹十口磬，十个木拉鱼子十盏灯，

十个金钟四十两，西北风一刮响花楞。

玲珑塔，塔玲珑，玲珑宝塔第八层，

八张高桌三十二条腿，八个和尚八本经，

八副铙钹八口磬，八个木拉鱼子八盏灯，

八个金钟三十二两，西北风一刮响花楞。

玲珑塔，塔玲珑，玲珑宝塔第六层，

六张高桌二十四条腿，六个和尚六本经，

六副铙钹六口磬，六个木拉鱼子六盏灯，

六个金钟二十四两，西北风一刮响花楞。

玲珑塔，塔玲珑，玲珑宝塔第四层，

四张高桌十六条腿，四个和尚四本经，

四副铙钹四口磬，四个木拉鱼子四盏灯，

四个金钟十六两，西北风一刮响花楞。

玲珑塔，塔玲珑，玲珑宝塔第二层，

两张高桌八条腿，两个和尚两本经，

两副铙钹两口磬,两个木拉鱼子两盏灯,

两个金钟整八两,西北风一刮响花楞。

玲珑塔,塔玲珑,一数数到大天明。

高高山上一小庙儿,里边住了一个神道儿,

头上戴了一顶乌纱帽儿,身上穿了一件蓝布罩儿,

腰里头系着一根草药儿,足底下蹬着那靴造儿,

眼睛好像铜泡儿,耳朵好像扇套儿,

鼻子好像钉锦儿,他的小嘴一张火灶儿,

四个小鬼抬轿儿,前边来了一个胡闹儿,

一跪跪在当道儿,说人家都有那怀抱儿,

怎么我就没有这怀抱儿,三天给了我怀抱儿,

我化斋精心修庙儿,三天不给我怀抱儿,

我拆了你的小庙儿,这才吓坏了神道儿,

正了一正乌纱帽儿,抖了一抖蓝布罩儿,

紧了一紧草药儿,蹬了蹬靴造儿,

叽咕叽咕铜泡儿,呼扇呼扇扇套儿,

呱嗒呱嗒钉锦儿,叭唧叭唧火灶儿,

吓得那四个小鬼不敢抬轿儿。

绕口令唱不齐,唱得不好请多把意见提。

第三节 声调变化训练

在连读音节中声调产生变化的现象称变调，主要表现在上声变调、去声变调和"一""七""八""不"的变调三个方面。

"一""七""八""不"是本声，去声之前读阳平。

单念句尾读原调，非去声前读去声。

一、"一""七""八""不"的变调训练

1."一"的变调练习

一斑 一般 一拍 一方 一登 一边 一仓 一车

一刀 一吨 一根 一锅 一家 一筐 一道 一度

一丈 一寸 一粒 一辆 一个 一次 一去 一趟

一万 一亿 一架 一扇 第一 其一 统一 七一

八一（其中的"第一、其一、统一、七一、八一"念原声调）

一把手 一把抓 一半天 一辈子 一场空 一阵子

一点儿 一风吹 一锅粥 一清早 一身胆 一条龙

一条虫 一窝蜂 一系列 一元化 一元钱 一口气

一口钟 一口锅 一览表 一揽子 一连串 一年生

一品锅 一品红 一班人 一神教 一条心 一团糟

一席话 一言堂 一元论 一而再 一点儿

一个劲儿　一股脑儿　一溜烟儿　一条藤儿

一股劲儿　一丁点儿　一面儿理　一头儿沉

一把好手　一般见识　一本万利　一笔勾销

一臂之力　一差二错　一倡百和　一成不变

一触即发　一次方程　一刀两断　一得之愚

一发千钧　一反常态　一鼓作气　一国三公

一技之长　一箭双雕　一蹶不振　一来二去

一了百了　一落千丈　一马平川　一败涂地

一板一眼　一本正经　一笔抹杀　一步登天

一唱一和　一尘不染　一筹莫展　一触即溃

一蹴而就　一得之功　一定之规　一帆风顺

一分为二　一哄而起　一呼百应　一见如故

一举两得　一孔之见　一劳永逸　一鳞半爪

一马当先　一脉相承　一毛不拔　一面之交

一鸣惊人　一模一样　一目了然　一年到头

一诺千金　一贫如洗　一气呵成　一穷二白

一日千里　一日之雅　一身是胆　一视同仁

一丝不苟　一天到晚　一网打尽　一望无际

一厢情愿　一衣带水　一语道破　一针见血

一朝一夕　一面之词　一瞑不视　一命呜呼

2．"七"的不变调练习

"七""八"在去声前变阳平声,也可不变。

七天　七人　七九　七情　七分　七里　七国　七百

七本　七体　七点　七钱　七两　七多　七少　七老

3．"七"的变调练习

七个　七位　七岁　七句　七寸　七类　七月　七项

七座　七日　七面　七串　七大　七丈　七辆

4．"八"的不变调练习

八人　八百　八把　八家　八里　八村　八条　八分

八秒　八点　八分　八根　八拍　八节　八毛　八年

八晚　八桌　八碟

5．"八"的变调练习

八路　八次　八个　八对　八下　八号　八面　八趟

八代　八万　八步　八句　八下　八类　八月　八寸

6．"不"的变调练习

不安　不才　不取　不等　不断　不犯　不公　不管

不比　不测　不错　不选　不对　不凡　不苟　不光

不必　不曾　不单　不定　不乏　不妨　不够　不轨

不便　不成　不但　不端　不法　不忿　不顾　不过

不合　不仅　不堪　不良　不免　不行　不胜　不同

不暇　不幸　不朽　不用　不中　不会　不禁　不可

不利　不妙　不忍　不时　不图　不详　不休　不厌

不已　不足　不济　不久　不快　不料　不怕　不如

不适　不谓　不消　不许　不扬　不只　不然　不见

不拘　不愧　不论　不平　不容　不爽　不惜　不逊

不要　不致　不在

不成材　不成文　不连累　不道德　不得已　不定根

不规则　不名誉　不送气　不成器　不大离　不带音

不得劲　不等号　不动产　不过意　不摸头　不相干

不成话　不错眼　不倒翁　不得了　不等式　不敢动

不见得　不起眼　不像话　不锈钢　不周到　不要紧

不自量　不由得　不足道

不打自招　不共戴天　不管不顾　不哼不哈

不计其数　不见经传　不可开交　不可一世

不劳而获　不谋而合　不言而喻　不遗余力

不约而同　不知所措　不置可否　不上不下

不前不后　不大不小　不清不白　不动声色

不尴不尬　不寒而栗　不即不离　不假思索

不可救药　不可思议　不郎不秀　不毛之地

不平则鸣　不学无术　不义之财　不足为训

不知所终　不着边际　不左不右　不好不坏

不多不少　不慌不忙

二、四音节词的轻重音训练

锦绣河山　江山如画　一脉相承　兴高采烈

中轻中重　稀里糊涂　噼里啪啦　热热闹闹

整整齐齐　二氧化碳　四海为家　五湖四海

大言不惭　盖棺定论　满园春色　人寿年丰

江山多娇　千军万马　大大小小　上上下下

稀里哗啦　吃吃喝喝　拉拉扯扯　蹦蹦跳跳

欢欢笑笑　说说道道　地地道道

三、普通话双声叠韵的训练

1.双声(同声母)

李先生别墅望僧舍宝刹,因作双韵声

温庭筠

栖息消心象,檐楹溢艳阳,帘栊兰露落,邻里柳林凉。

高阁过空谷,孤竿隔古冈,潭庐同淡荡,仿佛复芬芳。

2.叠韵

吴　官　词

高季迪

筵前怜婵娟,醉媚睡翠被,精兵经升城,弃避愧对泪。

第二章 主 持 篇

第一节 少儿主持理论

一、什么是少儿主持人

少儿主持人,顾名思义就是由少年儿童来做各种活动的主持人。少儿主持人(或者说主持者)的主持活动,是在班级、校园以及广大少年儿童相约相聚的广场、运动场等场合中的各种形式的公开的集会和活动的主持活动,也包括少年儿童在各种新闻媒介中的主持活动,以及少年儿童的艺术节、运动会、科技展览会等各种形式的会议与其他活动的主持活动。其中,最有说服力和代表性的少年儿童主持活动,当属每一年的六一国际儿童节的主持活动,而像这样的以少年儿童为主体的活动、会议、赛事、评比等,都叫作少儿主持人活动或者少儿主持人节目。

少儿主持人活动是以少年儿童为主体的，少年儿童的主持活动的方式、内容、地点也都有少年儿童自己的特性。

少儿主持人活动与主持，按照内容可以分为纯政治内容的活动与主持、娱乐活动型的活动与主持、知识竞赛型的活动与主持等。少儿主持人主持的活动还包括校园开学典礼、毕业典礼、新少先队员入队仪式、夏(冬)令营、运动会、班级评选活动、捐助困难学生活动、植树造林活动、美化环境活动、同学集会等。这些活动各自都有不同的形式和内容，主持这些活动，既能锻炼学习主持的孩子的心理、思维、意识，又能使他们从主持活动的过程中得到一种心理上的满足、情感上的丰富、思想上的进步、政治上的追求、学习上的努力。

当然，在这些以少年儿童为主体的少儿主持人活动中，也有成年人如老师、校长、家长、参观访问的外宾等的参与，他们都是少儿主持人活动的有力的支持者、帮助者和关怀者，也是参与者、欣赏者。正是有了他们在少儿主持人活动的前期的大力支持与帮助，才有了少儿主持人在公开主持活动时的美好形象。而在少儿主持人主持的活动中，少儿主持人是以自己的方式和自己对于学习、社会、生活、校园、班级、幼儿园、同学们的理解，来进行主持活动的，老师、校长等成人参与者只能辅导、辅助和扶持参与活动的少年儿童和少儿主持人把活动办好。

少年儿童在上课的时候是听讲者，是学生，而一旦离开了这个环

境进行少儿主持活动的主持时，虽然他们还保持着学生的身份，但他们的角色已经转换成了少儿主持人。随着场合(即环境)、形式和内容的改变，少年儿童的角色也会发生变化。在爷爷奶奶面前，他(她)们应该是孙儿(女)；在爸爸妈妈面前，他(她)们应该是儿子(女儿)；在学校的老师面前，他(她)们自然就该是学生了。

弄清了少儿主持人的概念，我们就知道了少儿主持人的任务、性质、职责和担当的角色，以及所主持的活动内容。

二、要说好普通话

在我国有一位在新闻传媒行业里资质很深、造诣很深、播音水平很高，为人又特别谦和的著名主持人沈力老师。当她在谈到如何做好一名广播电台和电视台的播音和主持人时曾说道："一名好的主持人首先要说好普通话。"我理解这句话的意思就是说，在当前我国的新闻媒体中，还存在着普通话说得很不过关的主持人。其实，每天我们打开电视机，就会听到有些主持人在主持节目时携带着浓浓的地方语音。当然，由国家统一制定并开设的对外粤语和其他播音语言的使用，不在此例。传媒大学的教授王璐说："普通话应该是以北京语音为标准音，以北方话为基础方言，以典范的现代白话文著作为语法规范的现代汉民族共同语。"说好普通话并不容易，必须得下一番苦功练习不可。会说普通话、说好规范的普通话是想做好少儿主持人的少年儿童的必学课，要特别进行普通话的声母训练和字、词、句组的训练。

在这里特别提醒一些想做少儿主持人的少年儿童和支持孩子们当主持人的家长。孩子们的普通话不过关，又怎样能谈到当好一名少儿主持人呢？说好普通话，可以树立孩子的自信心，让少年儿童在生活和学习中都能运用规范、正确的普通话来进行思想、感情、语言及各方面的沟通和交流。练好了普通话，不仅说话的声音好听、语音优美、四声运用得自如，还能让孩子在声音的世界里找到一种真我。说好普通话，孩子们就能发音准确、吐字清楚，唇、齿、喉、舌、腮以及各个部位都会灵活地调动起来。特别是对一些说话"口吃"，"尖"字和"团"字不分，"四"字和"十"字不分，平时说话咬字很轻，很不在意就把一个字给念倒了的孩子，会有很大的帮助。说好普通话，对于孩子们语言课本的朗读、诗歌的朗诵、散文的诵读，都有极大的好处。说好普通话，是学做一名少儿主持人的第一步。有了这第一步，又何愁没有第二步、第三步呢？说好普通话是做一名少儿主持人的一项最最基本的要求。

三、少儿主持人主持得要真

少儿主持人在主持某种活动、某个节目时一定要真。这个"真"是自然的"真"，情感的"真"，语言的"真"，不做作的"真"。我们常常看到有些成人在主持节目或者主持某个栏目时，主持得很假。这是为什么？道理很简单，因为这样的主持人缺少内心的一种真实的情感、真实的语言，和节目中的人物缺少真实的沟通。你主持得不真实，观众

就和你拉开了一定的距离。有了这样的距离，你就更难调动起现场的观众和你一起进行心灵与心灵的沟通。

任何事物都有真也有假。

这里所说的"假"，一是由于某些主持人刚开始主持没有经验，只顾着背主持词，只顾着记节目的规定时间，只顾着自己如何快点完成主持节目或栏目的规定任务，所以有时就会顾此失彼、顾东丢西。失"真"是做少儿主持人的最大之忌。

如何才能做到一个"真"字呢？

要想"真"，发内心。内心不真，外表自然是假的。首先，主持者要真真切切、实实在在地去贴近观众的心，尽量缩短和观众之间的距离。要想"真"，要像小河流水那样清澈、自然、随和、顺流。有些孩子平时都是用自己本来的、先天的声音和嗓音来说话，可是，不知为什么，每当他们在班级朗（诵）读课文、诗歌和散文，甚至在讲故事、做主持时都会自觉不自觉地发出一种假的声音出来，原本的音质、原本的声音、原本的纯朴，一下子都跑得无影无踪。许多做家长的不能亲自跟着自己的孩子上课，听不到他们在朗诵时是什么样，而只能在某些参赛的场合中，朦朦胧胧地感觉出来这个问题。这实际上形成了一种毛病。如果带着这种假声，去当一名少儿主持人来主持某个活动和节目，恐怕是不会收到好的效果的。究其原因，就是一个字"假"。原本的自我声音没了，而是从嗓子里挤出了一种假声，这样主持起来就会无

色无味。这种毛病,是做一名少儿主持人的大忌。

四、少儿主持人的主持词及其特征

在说明什么是少儿主持人主持词及其特征之前,我们有必要先了解一下主持人的主持词与其特征。

通常说的主持人主持词泛指新闻媒体特别是电视(荧屏)里面的各个不同节目、栏目和版块的主持人(以成年人为主)的主持词。当然,也有像中央电视台的《大风车》《第二起跑线》《少儿剧场》以及《同一片蓝天》这样虽是少儿节目,但主持人却是观众早已耳熟能详的成年主持人,如鞠萍姐姐、金龟子等的节目。不过近年来也有一些少年儿童在电视节目中做主持人。

那么,做少儿节目主持人并进行各种节目、栏目、版块的主持都需要哪些条件呢?首先,根据节目内容需要,可一人主持,可男女两人主持,也可以多人主持。如果说,只有主持人(当然有的节目也没有观众只有主持人)而没有观众,那就会使其节目受到影响。有了主持人和观众还不够,还必须要有主持人在主持节目中带进来的时代信息。此外,还要有一个适合本节目、本栏目且可以表现和反映主持人事先准备好的这档节目的开端、发展、高潮、结尾的主持环境,只有这样才能收到一定的节目效果。由此,形成了几种必不可少的元素:主持人—电视观众(现场)—信息(穿插在主持词中的信息)—环境。这几种元素即构成了主持人主持节目的必需条件。当然,也有无新闻媒体

的主持,例如某单位的自娱自乐的新年元旦和春节联欢会等,还有老同学、老战友、老知青、老社区的各种活动,都不需要电视做媒介。这样,去掉了电视,其他几个元素仍是缺一不可。这几个条件是相互依存、相互关联、相互制约、相互沟通,连在一起的,缺少其中的哪个元素都不行。

好的主持人,要能够全面统领、把握现场气氛,调动现场观众参与的积极性,把节目主持得游刃有余、恰到火候,既要让观众看到谁是主体、谁是客体,又能随时把主体与客体融为一体,达到一种主持佳境。

少儿主持人当然和那些成人主持人不同。少儿主持人的主持必须是以少年儿童为主来进行各种活动、场面、节目、版块的主持。特别是主持词更要以童心、童情、童趣、童味为主,不应该让少儿主持人在主持时不说少年儿童自己的语言,而去说一些成年主持人的主持词和话语。

少儿主持人的主持词要具有一定的形式、内容、语言的魅力,要让少年儿童都能听得懂。好的少儿主持词,具有一定的感染力、艺术魅力。同时,少儿主持人还必须练就一副好的口才,有可以展示的才艺,有较高的文化素质和艺术修养,了解新事物,形体和肢体语言要经过训练。

少儿主持人在面对观众主持节目或者某项活动时,应该时时刻

刻地把自己融入到这项活动之中,而不应该漫无边际,主持得文不对题,要让现场的观众和主持人有一种亲近感,而不是距离感和陌生感,不允许有个人杜撰、虚构的成分夹杂在其中。

少儿主持人的主持词除了具有以上的基本特征之外,它还有自身的一些具体特征。下面举例说明。

《小小少年快乐天地》节目

(小主持人手拿话筒,笑容可掬地走上)

嗨,观众朋友们,大家好!

这里是红蜻蜓电视台。

欢迎大家来《小小少年快乐天地》节目做客。

寒冬易逝,暮春已去。初夏时节,朋友相聚。

朋友,您想快乐吗?朋友,您想开心吗?朋友,您想过一把主持瘾主持节目吗?那好,就请您来参加我们举办的2004年冰城《小小少年快乐天地》节目的首次小主持人大赛吧!

希望您能在这次挑战小主持人的大赛中取得好成绩。希望您能在挑战其他选手的同时,也对自己进行一次自我检验、自我挑战。让我们在挑战对手和挑战自我的同时,找到一种乐趣,找到一种从未有过的自信、快乐和勇敢。

来吧,朋友!这里会给您以自信。

来吧,朋友!这里可以使您充分地展示自己的才华。

您的快乐就是我们的快乐！

您的开心就是我们的开心！

让我们的少年人生更加多姿多彩，

让我们的少年人生更有憧憬和期待。

好，《小小少年快乐天地节目》的挑战少儿主持人首场大赛，现在开始。

从上面这段小主持人主持的《小小少年快乐天地》节目的主持词中，我们能够对如何才能当好一名少儿节目的主持人有一个非常明确的认知。

第一，小主持人主持的环境、地点、场合确定性。这段主持词让学习做小主持人的少年儿童或读完了这段主持词的主持者，很明确地就知道了这里是红蜻蜓电视台，而不是在广场、校园、班级，或者是演出的剧场、礼堂、会议厅。有了这样一种提前的交代，主持起来也就脉络清晰了。同时还可以一步步地把整个主持词顺畅地说完。

第二，小主持人主持的内容确定性，在这段主持词中也有了具体的指向，主持的内容也相对比较集中。我们知道了这是首次在红蜻蜓电视台举办的《小小少年快乐天地》节目小主持人大赛。

第三，小主持人的单(个)人主持确定性。看完、听完了这段主持词，我们就会知道《小小少年快乐天地》节目是由一个人来进行节目的主持的，而不是由两名、三名或者多名小主持人来进行节目

的主持。

第四，小主持人主持的模式的确定性。主持的形式可以有许多种，但是，像这种样式的主持自然有其自身的特点。这段主持词从开头到结尾，有电视台台名的播报，对参加挑战的小主持人和现场观众的欢迎，对参赛选手的祝贺、希望、支持、鼓励。这一气呵成的主持词，不但适合少年儿童，也符合少年儿童主持人的语言特点。

五、少儿主持人的角色变换

少儿主持人的角色不是一成不变的。比如，在小学生新学年开学典礼上，这时的少儿主持人既不能代表广播电台里的少儿节目主持人出现，也不能代表电视节目中的少儿节目主持人出现。这时的少儿主持人，就应该既是一名学生或者班级中的一个代表，而又必须跳出原有的学生身份来进行开学典礼的主持。在这双重身份中，主持人身份在前，学生身份在后，主持时心里不能光想着自己是一名学生，否则在主持时，会显得非常不自信，甚至还会主持不好。

我们在熟悉、了解、欣赏少儿主持人时，一定要时刻关注到主持人的角色。同是做主持人的少年儿童，在不同的主持时间、地点、场合，就会以不同的身份来出现并进行主持。如果我们心里只是用对待学生和小朋友的眼光去看待他们，我们就会看不到他们做主持人时所展露出来的风采，看不到他们做主持人时所具有的美，看不到他们主持时所产生的不同变化，感觉不到一名少儿主持人的主持艺

术魅力。

六、少儿主持人的端庄大方与朴实无华

少年儿童在做主持人时必须要符合自己的身份，而不能像某些成人主持人在主持节目时那样信口开河，语言上比较随便。著名电视节目主持人沈力老师在谈到怎样做好一名主持人时说："一名合格的主持人，对着镜头要端庄大方。"其含意是一个好的节目主持人要以自身的文化、修养、品格，来保证一名主持人在面对镜头时的"端庄大方"。这也是一名少儿主持人必须具备的个人品格。有了这种品格，主持起来才会让观众喜欢。此外，朴实无华也应该成为少年儿童做主持人的一种条件。端庄大方能显现出一名少儿主持人的基本文化素质和艺术修养，朴实无华能看出一名少儿主持人的质朴品格，二者缺一不可。

七、具有地域特点的主持词

少儿主持人在学习和训练时选择什么样的主持词最好？对这个问题，许多人有许多不同的看法。但无论学习的形式、地点、师资是怎样的，少年儿童所学习的主持词都要具有少年儿童的语言特征，必须让孩子们对主持词感兴趣，同时又很欣赏这些主持词。孩子们不喜欢、没有儿童语言特点、离孩子们生活语言太远，儿童们就不会感兴趣，这样就不会收到好的学习效果。此外，选编少儿主持训练的主持词要具有地域的特点。比如对于居住在东北的儿童，我们在考虑撰写

或者创作少儿主持人主持词时，就应该把有关冰文化和雪文化的内容融入到主持人所用的主持词中去。这对于熟悉冰雪生活的东北孩子们是一种极好的选择。这样学起来好掌握，有认识，也能融进他们自己的思想情感。

为说明这个问题，下面举例说明。

(小主持人身着和冰雪相关的服装上)

亲爱的电视屏幕前的小朋友们，你们好！

《小雪花》节目现在开始了。

在这洁白如银的世界里，我们《小雪花》节目又和大家见面了。首先，让我代表《小雪花》节目组的全体编播人员，向电视机前的小观众们表示亲切的问候！

祝愿收看《小雪花》节目的小朋友们，身体健康、天天快乐、学习进步、天天向上。

玉树银花，冰凌垂挂。美景奇观，新美如画。《小雪花》是您真诚的朋友，《小雪花》陪伴着小朋友们慢慢长大。

首先，请小朋友们观看童缘口才训练班的学员们演出的舞蹈《妈妈送我去学口才》。

接下来，请小朋友们继续欣赏诗歌《口才是语言的生命》。

好，又到了该和电视机前的小朋友们说再见的时候啦！

朋友们，咱们下周同一时间再见！

八、少儿主持人与读书

读书可以使人聪明，可以使人慧颖，可以让学习少儿主持的学生心明志远。读书可以增加和丰富人的知识，只有大量地读书才能从书中汲取精华。我们常说"读一本好书就等于和一个高尚的人谈了一次话。"这句至理名言是永远都不会过时的。有些人对此有所误解，认为学习少儿主持的孩子在学校里学文化知识就足够了。殊不知，从幼儿园到小学、中学乃至于大学，只是他们对基本知识的一个积累。光凭这些是远远不够的。社会迈入21世纪后，全球文化多元发展，高科技突飞猛进，数字化与大量海外文化和信息不断涌入，不读书，光看电视，这对于一个学习者，特别是想做一名少儿主持人的孩子来说，就等于是在吃偏食。如果文化积累不够，积淀不够丰厚，主持起节目来也会缺东少西。我们常常会在遇到问题时说这样一句话："书到用时方恨少。"这句话告诉了我们前辈人的经验，学海无涯、学无止境，求学者要敢于攀登文化的巅峰。主持人靠什么支撑自己的节目？我认为主要是知识、文化、书本，当然更离不开生活和实践。要做到这一点就必须要努力、勤奋、刻苦、钻研。没有吃苦的精神、没有勤奋的学习态度，今天不努力，明天你就有可能落后于曾和你站在同一条起跑线上的学习者。

九、少儿主持人的综合素质

一名好的主持人，综合素质要好。少儿主持的学习者不但要学习

祖国丰富的历史和文化,随着时代的不断变化,还要提高自己的综合素质。

在当代,电视传媒中各档次的节目异彩纷呈。如果你缺少了综合素质和文化底蕴,你就很难驾驭这些节目。高超的主持艺术和技巧来自于综合文化素质。光靠一张小脸蛋和一个很美的外在形象是当不好一名主持人的,只靠外在,即使是能进入到主持人的队伍中,也只能主持一阵子,而不能主持一辈子。靠本钱吃饭,早晚都会支撑不住的。

十、少儿主持人的文化与艺术修养

要想做一名好的少儿主持人,必须具备一定的文化与艺术修养。主持人不是语言文字或者某一档节目的传声筒。主持人必须得在很前卫、很时尚、很有文化艺术底蕴的基础上,进行某个节目或者某项重大文化活动、艺术活动、校园活动的主持,无论是唱歌、跳舞还是琴棋书画,都必须兼而有之,如能精通一二,当然更好,对一些基础的艺术更要了解和学习。如果让你主持某一类与戏剧、影视有关的少儿影评栏目,你对电影和电视却什么都不知道,连基本的概念都不清楚,可想而知,你又怎么能把这类节目主持得"随心所欲"和"信手拈来"呢?如果你不但了解,而且十分地熟悉,心中有数,你在主持这类节目时,自然就能把现场的观众带到你事先想要达到的主持的目的地,并在步步为营、稳领稳带的主持中,达到预期的主持效果。

十一、把握话筒的传递"度"

话筒，是所有主持人不可缺少的一件重要道具。它与戏曲舞台上戏曲演员为表现角色在特定环境里使用的道具具有异曲同工的作用。比如，舞台上角色表现骑马用的"马鞭"，划船用的"船桨"，武打时用的"刀枪"，还有"手绢""扇子""令旗"等。话筒在主持人手里就是一个最好的道具。主持人在主持节目时，可以将话筒拿在自己的手里。话筒拿得好看不好看，也有很大的学问。有时主持人提出问题让现场观众回答，还要将话筒递给观众。这里，就有一个话筒把握的"度"的问题。也就是话筒不但要拿得美，还要讲究一点拿话筒的姿势和递话筒的技巧。这个问题常常会被一些主持人所忽略。那么，怎么拿更合适，怎么拿更适"度"，怎么拿才更美呢？主持节目时，是用左手拿话筒，或用右手拿话筒，还是两手交叠拿话筒？拿话筒的哪一个部位姿态更美些？是横着拿话筒，还是竖着拿话筒？这些都要根据你所主持节目的内容、形式事先想好。当然，也有戴耳麦的主持。主持人手里的话筒是连接现场观众和主持人的一个重要载体。话筒虽小，但它却关系到节目主持的成功与否。会拿话筒的主持人和不会拿话筒的主持人，有着很大的不同。小小话筒重千斤，这并非是夸大话筒的作用。话筒的功能作用价值是与主持人主持节目的好坏有着密不可分的关系的。每一名想学做少儿主持人的学生，都必须根据自己对话筒的理解，在平时进行不断地练习。熟练地运用话筒，会给一名好的少儿主

持人带来一种自信。

十二、少儿主持人的服饰

每个人都在生活里扮演着各种各样的不同角色。当兵的在部队必须穿军装,在铁路和火车上工作的乘务员必须穿铁路服,邮电局的工作人员也必须穿邮电服装,而学生在学校则必须要穿学生服。当我们做少儿节目时,就要按照节内容来选择主持人的穿着服装。服装最好是与节目贴近。说到少儿主持人的服装这个问题,这里不得不多说几句。最讲究适合人物、身份、年龄、性格、特点的服装当属中国的京剧服装。我们在京剧的表演中看到的服装不但十分亮丽、色彩斑斓,而且远看似画像,近看鲜活动人。凡是看过现代京剧《红灯记》里的李铁梅这个人物的人,都会记住这个聪明伶俐、胆识过人的少女形象。她从头到脚穿戴的每一个细节都十分地讲究,甚至于包括李铁梅的辫子,辫子上的红头绳,衣服和裤子上的补丁都有一定的尺寸。当然,不是说我们少儿主持人穿的服装也要像京剧中李铁梅的服装那样分毫不差。但我们要从中学习,根据主持节目的内容穿换不同的服饰。有的可以鲜艳夺目,有的可以十分亮丽,有的可以清新淡雅,总之要符合自己和节目的搭配。服装穿得不合适、不协调,与节目的内容相差甚远,会显得主持人的文化素养不够、审美上有欠缺。好的主持人服饰,自己欣赏、观众欣赏,还可以成为一道美丽的风景线。常言道:"人靠衣装,马靠鞍。"我想,这就是我们强调少儿节目主持人的服饰

的作用的原因。

十三、少儿主持人的语言艺术

少儿主持人主持的节目的形式和内容多种多样，但更多的是以校园、班级、幼儿园里的活动为主。但是，不管参加哪一种主持活动，都离不开语言的使用。那么，主持人的语言，尤其是少儿主持人的语言，就应该是少年儿童(或者是幼儿园小朋友)自己熟悉、了解、理解的语言。更重要的是，这些语言要适合孩子们。其基本特征如下。

(一)通俗易懂，语言口语化

什么叫通俗易懂？就是要让每名少年儿童都听得懂、听得明白、耳熟能详。

什么叫口语化？这就是说少儿主持人的语言要尽量和内容贴切，和形式紧密相连，语言在生活化的基础上达到口语化，而不是以书面语言的形式出现。再浅显点说，就是说出来的语言要"顺口"或者叫"顺嘴"。比如，在我们上面列举的例子里就有这样的口语化的语言："……朋友，您想快乐吗？朋友，您想开心吗？朋友，您想过一把主持瘾主持节目吗？那好，就请您来参加我们举办的 2004 年冰城《小小少年快乐天地》节目的首次小主持人大赛吧！"像这样非常适合少年儿童的主持语言，电视机前和现场的小观众或者校园学生乃至于幼儿园的小朋友们，都十分地熟悉、不陌生。说到口语化，这里我想起了东北的观众对"二人转"的评价，他们说："二人转和群众是'不隔语，不隔

心'。"这里的"不隔语"当然是指这种土生土长的艺术语言是大多数观众都熟悉的,而"不隔心",更进一步强调了口语化的语言艺术是能和观众心心相通的。那么,把这句话借用到少儿主持人的语言中来,我们是否可以说"少儿主持人的语言要'生活化、口语化、儿童化、通俗化'"呢? 我想,这是一定要的。

(二)形象化的语言、语言的形象化

形象化的语言,不但可以帮助少年儿童加深对所主持节目的形式和内容的记忆、消化与理解,它还能感染现场和电视机前的观众。那么,什么是形象化的语言呢? 在小说中作家有对人物肖像的描写,在绘画中画家有对模特的彩笔描绘,在散文中有作者对一山一石、一草一木、一花一叶的渲染,在评书中有评书演员对某个人物出场前的介绍,术语称"开脸"。什么又是语言的形象化呢? 这是说,在我们撰写主持词时,使用的语言尽量要有形象,同时还要根据主持节目的内容加进这些形象性非常鲜明的语言。主持人的语言虽然不像文艺作品中出现的语言文字那么浪漫、煽情、感人,但它可以把那些与形象有关的语言组织在一起,这样主持起来才会更有效果。比如,我们在前文中就有这样的例子:"玉树银花,冰凌垂挂。美景奇观,新美如画。"这里,用了四字句的短句子,对本次节目的内容和要表现的思想进行了高度的凝练与概括。一说到"玉树银花",儿童们自然会想到这是下雪后的松枝、柳枝、榆枝、杨枝以及各种树木上的雪。而说到"冰凌垂

挂"时，小朋友们自然会联想到自己生活的环境里，那种凝结成冰，挂在屋檐下的"冰凌"。言简意赅的短句子，一下子就拉近了主持人和现场观众的距离。因此，我们在主持这类节目时，千万别忘记要多使用一些形象化的语言。

(三)具有魅力的语言

一名主持人必须要把具有魅力的语言放进自己的主持词和主持的节目内容与活动中。只讲通俗、只用大白话，是不能感染观众的。但是，我们在主持时，千万不可装腔作势、模棱两可、态度不鲜明、爱憎不分明地去主持节目。有魅力的语言可以增加主持人在主持时的感染力。语言没有魅力，主持人在主持时有时就会显得枯燥、乏味。用主持人的真情实感加上感情色彩很浓的生活言语，主持人的魅力和节目的魅力会渐渐地在观众心中留下深刻的印象。当然，有的成人主持节目时可以加进一些小幽默、小调侃，甚至于更多的一些主持花样。但不管怎么样，只要把有魅力的语言组织进少儿节目的内容中来，就能更吸引少年儿童和电视观众。

(四)声音和声调的运用

有了有魅力的语言还不够，我们在主持少儿节目时还必须调试出自己最好声音和音调，并展现给观众。这里说的声音和音调，不是指唱歌的声音和音调，也不是朗诵诗歌、散文时以及戏剧和影视中的刻意的、表演的声音与音调，而是平时刻苦训练出来的一种自然、柔

和、本色、不造作的声调和音调,主要是要让观众听着舒服。可以说,目前在如何训练主持人的声音这一块,除新闻播音训练外,其他还依然是以自然先天声带通过气息调整来发出声音。好声音、好音调,不仅能说出好的言语来,还能把语言的质量迅速地提升上来。凡是想要做一名少儿主持人的少年儿童,都应该有所意识并很自觉地去练习这方面的技巧。

(五)语言的长短句搭配

在主持节目时,我们的少儿主持人,不能一味地使用短句子,也不要总使用长句子。要长短搭配、短长互用,同时语言还要灵活多样。切不可没完没了地总是重复一句话,这样就会显露出你的语言功力的浅薄。注意语言的准确性、鲜明性、生动性、活泼性,让观众听了主持人的语言从心中能产生出来一种美感。这些都是少年儿童在学习主持时必不可少的课程。

(六)成语、谚语与歇后语

中国的成语、谚语与歇后语,可以说是对生活、实践中的体悟和感受的一种精辟的总结,是中华民族的语言宝库里的瑰宝,更是民族的语言结晶。

我们在学习少儿主持时,千万不可忽略了对中国成语、谚语、歇后语以及俚语和童谣的学习。这些知识,是每个学做主持人的人必学之课。一个好的成语,可以对一个节目进行最后的压轴总结,也可以

79

成为我们主持节目时的开门炮。一句好的谚语，可以成为我们主持节目时的开场白。在我们没有好词和好的语言的情况下，成语、谚语、歇后语这些闪烁着民族智慧火花的语言可以成为我们主持节目的杀手锏。好东西不能丢，我们总不能把ABCD作为我们民族语言的主餐，放在我们民族语言的餐桌上。中华民族所具有的这些独具思想光辉和闪耀着智慧火花的语言，会给我们少儿主持的学习者，插上一双美丽的翅膀，使我们在主持人的天空中高高飞翔，让我们的语言和思想可以驰骋万里。

少儿主持人是新生的事物，它也必将会伴随着社会的前进与发展不断地得到完善和补充。让我们在少儿主持的园地里，栽种形态各异、品种多样、色彩缤纷的种子，经过几代人的努力，必将会开出绚丽多姿的花朵并结出各色各样的果实。到那时，少年儿童学主持已不再像今天这样无踪迹可寻了。

第二节 自我介绍

一、如何准备自我介绍稿件

自我介绍是参加考试的学生在较短时间内，面向考试官进行自我情况的相关介绍。介绍得好与不好会直接给考试官留下一个印象。这种介绍往往会决定你能否被某些名校录取，所以必须要认真对待，

决不可随意行事

　　下面，我们可以从以下几个方面来学习和训练写好自我介绍的稿件。

　　(一) 立意

　　自我介绍就是要通过简短的语句表达，让别人牢牢地记住你。如何能让别人记住呢? 就是要写(说)出与众不同的特点。没有特点的表述是不能让人记住的，自我介绍一定要特点鲜明、语言简洁，让考官耳目一新，从而留下深刻的印象，提高对你的关注度。

　　(二) 称呼

　　这是同考官打的第一个招呼，要简洁、准确。一般会说"尊敬的评委老师"或"各位评委老师"，后面可加"大家好"。表达称呼时要面对考官，目光直视，真诚、大方、勇敢地表达。

　　(三) 两大要素

　　一是介绍自己的姓名，二是介绍自己来自何方。

　　有些同学往往只介绍自己的姓名，而忘记介绍了自己来自何方。这两大要素可以用不同的方式来介绍。对姓名的介绍一般有开门见山式和借题导出式两种。比如先介绍自己的特点，然后指着自己说："这个人就是站在你们面前的 XXX(形容词)的小伙子，就是我XX(名字)。"对自己是来自哪里，可以先介绍大家熟知的地物风貌或名胜，比如"五岳之首"泰山、"祖国的心脏"北京、"孔孟之乡"济宁、XXX

的胜产地,或者是四季分明的美丽的江城等。用这些耳熟能详的具有代表性的地域特点介绍自己,能加深评委对你的印象,特别是一些来自偏远地区的学生,生活的地方由于各种原因在全国不是很出名,就要多多思量自己的特色。

(四) 关联语

关联语句,指的是你写的自我介绍一定要涉及你与专业的关系,主要是表达你对这门专业的热爱。热爱的程度不要表达过火,要艺术地表达。这里的艺术指的不是语言一定要优美,而是必须让人感到你对这门专业的热爱。可以是一件小事,可以是一点心得,也可以是一些感悟,写出"新、奇、特"的感觉是最好不过了。但不要超出人的接受能力,这样就会显得很突兀,令人笑话。

(五) 结尾

结尾一般要表达对此次考试的愿望,比如"希望能通过考试,实现我的人生梦想"等,或一句话"自我介绍完毕!"或说一些谦恭的话如"谢谢各位评委"等。

(六) 表达

语言要清晰,语路要流畅,重点要突出,切记不要过快也不要过慢。要有自信,语言要真诚,目光要平和地直视评委,不要游移,上体要保持正直,不要晃动,可用适当的手势加以配合,但一般的自我介绍不需要手势。

（七）文风

要文思缜密、层次清晰、条理清楚,用词得当,不过分修饰。

（八）忌

忌扬扬洒洒、主题不明,要不累不赘、简明扼要,忌方言土语,忌书面语过多。

（九）长度

大约120到200字即可。

（十）时间

1分30秒以内。

二、怎样才能做好自我介绍

少儿主持人在做自我介绍的时候,有以下三个方面需要注意把握:第一,你现在是做什么的;第二,你将来要做什么;第三,你过去是做什么的。在介绍时,要自然和真诚,要把你的成长经历与别人区分开来。在自我介绍时(一分钟或三分钟),要通过你的介绍让观众和评委都能够在简短的叙述中,了解到你在艺术方面的天赋。

最后一点,自我介绍最好能够自己动手写,因为只有你自己才最了解你自己。把你切身的感受写出来,这样才会感动人,给观众和评委留下深刻而难忘的印象。

三、主持人必须具备的条件

主持人不是演员、不是表演者,不能模仿。他只能在观众面前表

现出一个真真实实的自我。

主持人要有丰富、精巧、多姿多彩、富有魅力的语言,要能够尽善尽美地在主持现场发挥自我,要有控制现场的能力。主持人运用的语言技巧不但要高超,还要尽可能圆熟和精到。丰富的语言和技巧能开启人们的心灵。

主持人还要有很强的综合素质、可以展示的才艺和出色的表现。

主持人必须说好普通话,此外还必须会说、能说、善问、擅长辩论。

四、自我介绍训练

(一)当一名主持人是我的梦想

大家好! 我是3号选手刘晓燕。

我的爱好很广泛,喜欢唱歌、打球、练书法、下围棋,但我更喜欢当一名小主持人。

当一名主持人,是我的一个梦想。

为了当好一名主持人,我每天都会练习说普通话、练习绕口令。不信我就当众表演一段。请给点掌声鼓励鼓励吧!

八百标兵奔北坡,炮兵并排北边跑。

炮兵怕把标兵碰,标兵怕碰炮兵炮。

怎么样,我的基本功还能够得到大家的认可吧?

谢谢!

(二)当一名主持人是我最大的愿望

大家好! 我是9号选手,我叫赵鹤。

看我的脸,你们就知道我是一个很调皮的小女孩。我喜欢笑,因为灿烂的笑容会给我带来好运气。

我的兴趣爱好很广泛,跳舞、讲故事都是我的强项。当然,我的缺点也很多,一不高兴就发脾气,有时还很粗心,妈妈说我是个冒失鬼。

能参加这次比赛我非常高兴, 因为成为一名小主持人是我最大的愿望。各位老师、小伙伴们,请你们拍拍手来给我鼓鼓掌。希望我能取得好成绩。

谢谢大家!

(三)成功之路就在我们自己脚下

各位评委老师好!

我是10号参赛选手,我叫张明阳。

我是一名来自北国冰城哈尔滨的小学生。参加少儿节目主持人挑战大赛,一直是我的一个梦想。

我知道,要想成为一名好的主持人,不但形象要好、气质要好,还必须得是一名爱学习、爱劳动、爱生活,思想品德也很好的学生。

我虽然长得并不漂亮,可是,我会凭着自己的努力,以及自己掌握的一些知识,和同台参赛的小选手们拼一拼。

不管在这次比赛中我能否取胜, 我都会将这次参赛当做一次激

励自己学习的契机。我来了，我参赛了，这就足矣。

假如我成功了，我也会找出自己身上的不足并克服它，让自己更加完美。

我相信，在走向挑战少儿节目主持人大赛的路上，我的人生之路也会越走越宽、越走越亮。成功之路，就在每个人自己的脚下。我一定会把握这次机会，把自己的路走好。

谢谢！

(四)我希望拿到一个好名次

各位评委老师，大家好！

我是9号选手邢丽丽。

我来自冰城哈尔滨。我喜欢滑雪、打冰球，我更喜欢的是朗诵。我的诗歌朗诵《祖国母亲》在全省少儿诗歌朗诵大赛中获得了金奖。

今天，我来参加小主持人才艺大比拼，完全是出自于我对主持的喜爱。参加这样的比赛，不但可以给自己带来一种挑战自己的乐趣，同时也能认识许多的朋友，学到许多的知识。更重要的是，可以让自己的艺术视野更开阔。希望我在这次比赛中能够拿到一个好的名次。

请不要忘记，站在这里的我，是一个想和更多同学交朋友的孩子，我想今天的邢丽丽一定会给您留下一个深刻的印象。

请为我加油吧！谢谢！

(五)我叫杨天柳

亲爱的评委老师好!

我是参赛4号选手,我叫杨天柳。

杨是白杨树的"杨",天是蓝天的"天",柳是柳树的"柳"。

每当春天来临的时候,我就会想到河边的杨柳,雨中的春柳,阳光下的垂柳,还有公园和江边的那些形态各异而又十分娇美的杨和柳。唐代大诗人杜甫有一首七言绝句"两个黄鹂鸣翠柳,一行白鹭上青天,窗含西岭千秋雪,门泊东吴万里船。"开头第一句就提到了柳。而毛泽东主席也写过"春风杨柳万千条,六亿神州尽舜尧"这样与柳有关的美丽诗句。

我认为自己就是这"春风杨柳万千条"中的一条杨柳枝。不仅我喜欢杨和柳、诗人喜欢杨和柳,许多画家和文学家也常常把杨和柳作为自己的画作的主角和文章的主题。

我在学校曾经主持过许多活动,还经常参加各种故事会和演讲。我喜欢打羽毛球,更爱看李娜在网球场上的那种敢拼、敢打、敢赢的运动状态。我不仅可以用中文讲故事,我还可以用英语来讲故事。记得有一次故事大赛,我还获得过一个一等奖呢!

我今天来参加小主持人大赛,就是想要让自己在未来能够真正成为一名合格的主持人,通过不懈的努力和拼搏实现自己成为主持人的理想。

如果您支持我，我一定不会辜负您对我的期望。请支持我的同学和现场的观众朋友们为我鼓掌加油吧！谢谢！

(六)我叫李晓星

尊敬的评委老师，你们好！

我是5号选手，一名来自东北的小学生，我叫李晓星。

我的这个名字是一个医生阿姨给我起的。听我妈妈说，我出生的时候，满天的星斗闪闪发亮、熠熠生辉，因此，我才有了李晓星这个名字。我喜欢这个名字。

我曾有个小毛病，动不动就爱哭。不过这已经是过去的事了，我现在更爱笑。人们不是常说"笑比哭好"嘛，所以，我尽量在公众场合保持微笑。笑可以愉悦自己、感染快乐给别人，笑还可以赶走生活中的许多烦恼。

自从我进入童缘老师的口才表演艺术启蒙班之后，我的性格比以前开朗多了。有人说我变了，变得比从前的我更加有自信了。是呀，有了自信，才能有所成功。

今天在这里参赛，我依然会用自己的微笑和每位参赛的小选手来进行学习和交流。我非常渴望自己能在这次比赛中取得一个"头彩"。

请大家为我鼓掌加油吧！谢谢！

(七)我特别想做一名小主持人

尊敬的评委老师好。

我是一号选手张小冉,今年7岁了,是来自第一师范附属小学的一名学生。

我是一个特别爱笑的孩子。听老师说,一个爱笑的孩子能够给人带来好心情。除了喜欢笑,我还喜欢唱歌跳舞。一唱一跳,可以让我的个子长得更高。

另外,我更喜欢做一名小主持人。做一名像王小丫阿姨那样的主持人,用我自己编创的《小小开心辞典》,给同学们带来更多的快乐。

今天,我站在台上就是一次最好的实践和锻炼。希望站在这个舞台上的我,能够得到大家的支持和鼓励。谢谢!

(八)我想当一名像"金龟子"和"毛毛虫"那样的主持人

评委老师你们好。

我是4号选手李向阳,是来自新阳小学三年三班的学生。

我是班级里最爱唱歌的一名学生,大家都管我叫"小爱唱"。这个名字我特别喜欢。我觉得,唱歌可以给自己和别人带来快乐,唱歌还能够使自己的业余生活更充实。

但我更愿意当一名小主持人。我的主持人榜样一位是中央电台少儿节目的主持人"金龟子",另一位就是"毛毛虫"。

总之,我要在学习小主持人的道路上,扬长避短,一展自己的

优点。

为了让大家对我有所了解，下面就请大家来欣赏一下我个人的才艺表演。希望在场的观众朋友，能够支持我，并给予掌声鼓励。谢谢！

第三节 开场主持

一、引领导入式的节目主持

（主持人仪态端庄地走上电视直播现场）

主持人：观众朋友，你们好！

我叫XXX。今天，我要和现场的观众朋友们共同讨论一个话题：玩笑不能开得太大。

还记得《狼来了》这个故事吗，还记得那个放羊的小孩在山上放的那一群羊吗？他为了和地里正在劳作的大人们开玩笑，连续三次喊"狼来了"。大人虽然被他骗了，可也没责怪他。然而当狼真的来了的时候，这个放羊的孩子就是喊破了嗓子大人们也不相信他了。所以，他的羊被狼给吃掉了。

谁知道这是为什么吗？其实，这个小孩不是有意撒谎，也不是想要欺骗大人。他是因为开了一个恶作剧式的玩笑，才使自己的羊被狼给吃掉了。

其实,同学们之间不是不可以开玩笑。我觉得用一种幽默的方式开个玩笑,既可增加情趣,又有利于身心健康。比如像赵本山和范伟演出的小品中的那句台词:"请问,脸上的痘子长在哪儿,你不用担心?"这样的小幽默就十分有趣。要开,就开这种带点幽默感的玩笑,大家都能接受。

好!下面我们就"玩笑不能开得太大"这个话题,来进行现场讨论。

【教学目的与训练提示】

1. 要以引领和导入的方式进入话题。

2. 要用语言领着观众进入话题。

3. 要分段进行背诵练习。

二、开门见山、和盘托出式的节目主持

(主持人落落大方地走上直播现场)

主持人:观众朋友,晚上好!

今天,很高兴能和大家来讨论"你究竟爱不爱哭鼻子"这个话题。

记得我还小的时候,动不动就抹眼泪、动不动就哭鼻子。可是,自从我长大以后,一有人问这个问题,我就不敢承认。我想,当我们还是小小的"贝贝"和"乖乖"时,因为胆怯,怕见人,更怕别人逗自己,所以总是爱哭鼻子。可现在呢?我们已经长大了,再也不怕被别人说是爱哭鼻子、爱抹眼泪的孩子了。

那么,不知道今天到场的小观众,是不是也同意我的这种说法。

现在,咱们就"你究竟爱不爱哭鼻子"这个话题进行现场讨论。必要的话,我们还会请几位小观众装大人来考验考验他们究竟能不能哭鼻子。

好! 讨论现在开始!

哪位先发言? 那好,先请坐在第五排的那位小男生说说他的看法。

【教学目的与训练提示】

1. 把握开门见山的主持风格。

2. 通过练习主持要改掉爱哭鼻子的毛病,没有就更乖了。

3. 请试着说说这段主持词告诉我们了一个什么道理。

三、悬念性的节目主持

(主持人身穿与节目相衬的服装走上)

主持人:观众朋友,晚上好!

在我们正式开始讨论今天晚上要讨论的话题之前,我在这里给大家说一件最近发生在我们身边的真事。

那是一个阳光明媚的中午。有一位老大妈在回家的路上遇到一男一女,他们争吵着要分家。原来呀,这两人是为了家里的一个金佛像而闹得不可开交。男的说这个金佛像是祖传八代留下的遗产,最少要卖一万元;女的说没有两万的价,少一分也不卖。二人争执激烈,大

妈就主动赶上前去搭话。

大妈说,你们两个放着好好的日子不过,在这吵什么架呀? 后来,大妈她听明白了。她听这两个人说是想拿这个金佛换成现金要做点小买卖。

经不住那个女的又哭又闹的,大妈这心一软,就动了想买金佛的念头。最后,说是给五千元这金佛就能卖。

你猜怎么着,正当大妈回家取钱要回来买这个金佛的时候。派出所民警小刘给大妈打了一个电话。大妈听小刘说这一男一女是骗子时,气得手里的电话差点没掉在地上。您知道这是为什么吗? 好,请看我们的大屏幕,也许,您会从中找到答案。

【教学目的与训练提示】

1. 这是一段带有悬念的主持词,主持时要注意和观众的眼神交流,用语言把悬念层层铺设好,引起观众的注意。

2. 主持时要让观众跟着主持人设置的环节走。

四、个人参赛30秒总结

主持人:我们所有的参赛选手在以上各个环节的挑战中都表现得十分出色。接下来,你们每个人要对自己在这次挑战少儿节目主持人大赛中的表现做一个30秒的总结。好,下面请这位男选手进行总结。

男选手:我来了,我挑战。我胜了,我知足。我败了,我不气馁。因

为,我曾经有过这个梦想,今天,在这里已经实现了。

女选手:我是一名学生,今天能站在这里,已经为学校和班级争得了荣誉。我觉得,参加少儿节目主持人的挑战,也是我对自己未来的一次挑战。挑战无处不在,当我认识到这个道理后,我对自己的将来有了一种全新的设计。让我在挑战中成长得更快,在今后的路上走得更稳!谢谢!

主持人:观众朋友,以上两位选手做了30秒的总结。这个节目让我们对生活、学习、工作都更有动力了。愿我们下期节目的挑战更精彩。我们欢迎更多的同学来这里参加挑战。下期节目再见。

【教学目的与训练提示】

1. 把握节奏、读准训练词。

2. 语言要准确,不拖泥带水。

3. 注意和观众交流情感。

五、《说事》节目主持

亲爱的观众朋友们,大家好。

我叫郝事,说白了就是"好事"。

在生活中,我们每一个人每天都会有自己的事情要做。除了正经八百的事,在生活中还会出现一些让你意料不到的事。

总之,不管我们在生活中遇到了好事、坏事还是难事,我们都必须学会处理这些和我们每天的生活息息相关的事。

下面,我们就来说一件让你一见就不知如何是好的事。让我们用热烈的掌声,欢迎说事嘉宾王欣志上场。掌声欢迎。

六、少儿主持人需具备的基本条件

主持人:观众朋友们好!

许多少年儿童非常喜欢当一名主持人。当一名真正的主持人不容易,但也不是高不可攀。所以,有这个梦想的少年儿童必须刻苦学习、努力用功、反复训练、勤奋自律,最后才能走向电视和舞台。

每天对自己训练的基本内容与科目:

(1) 必须刻苦训练好声音。好声音需要刻苦训练。

(2) 说好普通话,念准每个字音和每句话。

(3) 为了主持得更真实、更有观众人缘,要发自内心地笑,而不是在脸上堆积假笑。每天冲着镜子练习微笑,至少 30 次。

(4) 练习站姿,全身肢体自然放松。

(5) 每天练 30~50 次深呼吸,消除主持节目时的紧张感。

(6) 事先准备好一道参赛主持人夺冠的赛题,反复训练做到倒背如流。

(7) 练习现场主持的即兴发挥,同时还要准备各种场合的即兴主持训练词。

(8) 主持人个人才艺的展示练习。不是一般的拉琴、弹曲、歌唱、朗诵,而是要让所有的观众在现场展示才艺之后眼前为之一亮。

(9) 各种文化知识的储备和积累。

(10) 生活知识面的不断扩展。

以上基础训练和要求都必须做到，之后还需要一段时间的强化训练。

然后才是第二个、第三个课程的训练。

要相信，在咬紧牙关不断地刻苦学习和训练中，在一点一滴的汗水浸泡中，在你比他人多进行几倍、十几倍、几十倍的训练后，你的美梦会早日实现。

祝你早日站到电视主持人的镜头前。

祝你早日成为文艺舞台的主持人。

成功在你不断地拼搏再拼搏之中。

留一道小题给你练习：念准"红、白、黄、蓝、黑"，把自己的情感融进每一个字里。

第四节 校园活动主持

一、少儿主持人的风度

班级的新年晚会、春节晚会，学校的校园艺术节、春秋两季运动会、夏令营篝火晚会以及由学校组织的扶贫救困、植树造林、升国旗等与少年儿童有关的各种活动，都必须由少年儿童自己来主持。只有

让少年儿童自己来主持自己的活动,孩子们才会更欣赏,觉得更有童趣。

我们都知道,在电视与广播里,主持人在主持自己的节目时,是很讲究气质和风度的。那么,少年儿童在主持某个节目或者某项活动时,是不是像成年主持人那样,也必须要有自己的风度呢? 答案是肯定的。少年儿童主持人一定要有风度,而且这种风度一定要在其主持的节目中自然流露出来。

那么,少年儿童主持人的风度又从哪里来呢? 我认为首先要具备以下几个方面的条件。

1.良好的学生素质

良好的学生素质,是做好少年儿童主持人的基本条件。没有良好的学生素质是很难当好主持人的,更不要说主持好一个校园活动了。很难想象一名缺少良好学生素质的少儿主持人,既不关心学校,又不热爱班级,还能够把一个校园活动主持好。可以说,良好的学生素质是当好一名少儿节目主持人的基本要求。

学生的良好素质要靠社会、学校、老师、家长共同培养和教育,包括学生平时对父母的孝敬、对师长的尊敬、对同学的帮助、对班级的关心、对学校的热爱、对集体活动的积极参加。同时,他还必须要讲公德、遵纪守法、勤奋好学、谦虚谨慎、懂礼貌、讲文明、学习好、思想好、助人为乐、为人诚实、讲诚信等。这些都是成为一名少年儿童主持人

的基本条件。

2.知识和文化的积累

知识教育人，知识培育人，知识陶冶人，知识给人以聪明和才智。知识还能够培养好想要当好少年儿童主持人的小学生的人格和思想品质。没知识或缺少知识的学生是很难当好一名少儿主持人的。知识可以开拓少儿主持人的视野，知识可以给人以无穷的力量。

一名有着文化底蕴、各种知识比较丰富的少儿主持人在主持节目时就会游刃有余。如果各方面的知识掌握得不够多或者是有所欠缺，甚至是似懂非懂，那么，在他(她)主持活动或节目的过程中就有可能影响到他(她)所主持的某一档节目。一名少儿主持人如果没有知识的支撑，他(她)的主持风格又在哪里呢? 同时，少儿主持人还必须对各种文化要有所了解，如中国文化、外国文化、世界文化、民族文化、乡村文化、地域文化，以及学生自身的文化等。少儿主持人的文化素质，同样也可以表现出少儿主持人在主持节目时的一种风度。文化需要学习，需要积累。厚积薄发的文化对少儿主持人来说是最好的精神支柱。缺少文化或对文化缺少了解的少儿主持人，是很难做好主持人工作的。

3.对生活的热爱

凡是热爱生活的少年儿童，大多都性格开朗、善于言表、热情大方。因为生活美可以陶冶少年儿童的情操，可以给少年儿童带来无限

的想象力，也可以让想要成为少儿主持人的少年儿童对生活充满爱。

少年儿童的精神世界并不比成人差。许多孩子会对生活中出现的美好事物产生联想与幻想。要让那些对生活充满了幻想和联想的孩子们在生活里看到生活的"真""善""美"，尽量让儿童们把生活中那些美好的东西记忆和存留在心里。这样，当一名少年儿童在学习做主持人并现场主持节目与活动时，由于他（她）本人具备了良好的素质，积累了较丰富的知识和文化，看到了欣欣向荣和美丽的生活场景，他（她）就会把这些东西融进自己主持的节目中。这些美丽、美好的东西如果汇集到一名学习做主持人的少年儿童的身上，那么，这名少儿主持人的风度也就会自然而然地在他（她）的身上形成和显现。

要想让我们的小主持人主持的节目与活动更能吸引广大的少年儿童和那些小观众，那么最好是由少年儿童自己来主持自己的节目，这样就更有可看性、审美性和愉悦性。与此同时，少年主持人还要练好语言的基本功。可以说，主持人的语言好与差是直接影响着一名少儿主持人对节目的主持质量和水平的。语言是少儿主持人的第一要素。语言不仅是一名少儿主持人必练的基本功，会使用语言、会驾驭语言的少儿主持人在节目的主持中还能够加深少儿主持人和现场观众的互动和沟通。

二、少儿主持人的语言

少儿主持人的语言要具有少儿的语言的特点，缺少少儿语言特

点的少儿主持人主持的节目会让小观众和小听众感到乏味。因此,少儿主持人必须要具备丰富的语言艺术。

1.语言的儿童特点

少儿主持人的语言的特点必须是孩子们熟悉的、常用的,不晦涩、不难懂,一听就明白的语言。首先,要有儿童的特点,因为具有儿童特点的语言最能打动孩子们的心灵。孩子们喜欢听、喜欢讲这样的语言,孩子们听到节目中的小主持人说出的每一句话都会发出儿童特有的那种会心的笑声。其次,还不能失去富有情趣、富有意蕴、富有意味的东西。儿童语言是少儿主持人和小观众相互贴近的黏合剂、融化剂、情感共鸣箱。千万别说成人语言,尽量做到要多用口语主持节目。

2.语言的儿童思想性

成人有成人的思想,儿童有儿童的思想。这个问题是一个很突出的问题。让儿童去想成人想的问题,是一件很荒谬的事情。

少儿主持人在主持节目或某项活动时,一是要根据节目来表达自己的思想和情感,二是要让自己的心理、思想、感情和少年儿童以及小观众的心理与思想产生共鸣。试想,让一名天真烂漫的少儿主持人在主持某项活动或者节目时,不讲少年儿童熟悉的语言,不用广大少年儿童的日常用语,而是用成人的语言、成人的日常用语,这样不但会阻隔少儿主持人和电视机前的小观众的思想交流、情感表达,更

不会收到好的效果。儿童的思想支配着孩子们的语言活动。儿童的思想会让儿童的语言更美丽、更动听。

语言是人与人沟通和交流的实用工具，也是表达思想和感情的一种重要方式，有时候也是沟通人们心灵的一座桥梁。比如,在组织一次学校的爱鸟周活动时，少儿主持人就必须在自己的主持词里进行语言的组织和语言的精选、精炼。用什么样的语言做开场白,用什么样的语言来表达和传达一名少儿主持人的思想感情，这都需要认真地去研究和对待。当然,要说出来的必须是少年儿童们都非常熟悉和常用的生活语言。假如开场白的语言我们用"两个黄鹂鸣翠柳,一行白鹭上青天"这种形象化、诗意化、儿童化,广大儿童能听懂的古诗来做主持人的开场主持用语,那么,少儿主持人和小观众的心理距离一下子就缩短了。然后,少儿主持人再说"黄鹂鸟虽然美,可是现在已经没有了自己的家;白鹭鸟虽然好看,可现在也没有了自己栖身的巢穴。同学们,这是为什么?……"顺着这种语言风格的和具有少儿思想性的语言组织主持下去，那么这种少儿主持人的主持风格和语言组织与现场的活动才会真正受到广大少年儿童和小观众的喜欢。

三、少儿主持人的表情

少儿主持人在主持某档节目或某种校园活动与班级活动时,还需要一定的表情。这种主持节目与活动的表情一定要准确无误,同时还要能够把现场观众的情绪调动起来。表情的使用也是所有学习主

持的少年儿童最关心的一个问题。就这个问题，我想做以下两点阐述。

1.表情的重要性

少儿主持人在主持节目与活动时，一定要有自己的态度。少儿主持人对于自己所主持的这类活动、节目、内容，在主持的全过程中要有一个明确的态度，甚至于包括一举一动、一个眼神、一个手势、一句恰当的经典诗句或者名人名言的引用，包括一句能够准确表达思想内容的话语都离不开心理活动和细微的脸上表情。但是，我们应该注意的一点是少儿主持人的活动与主持是有内容的、有形式的，更重要的是要有儿童特点的。主持人不是演员，不是广播员，不是讲解员。主持人就是某一活动的主持者。

少儿主持和播音主持也不一样。播音主持有它自己的特点，和少儿主持人也有所区别。播音主持是通过熟悉的稿件向广大观众、广播听众传达各种新闻、新事、新人，通过各种稿件在电视荧屏和广播中向广大观众和听众把某一地区、某个省份、某个国家、某个人物、某个事件演播出来就可以了。播音主持极少有人在播放新闻节目时把自己的表情当众表演给观众和听众的。

另外，少儿主持人和某些历史博物馆的讲解员也不一样。讲解员与少儿主持的不一样表现在他们对图片展览、历史文物进行讲解时，只要把每段解说词背熟、把每个历史事件讲解清楚就可以了。当然，

当讲解员讲到动情之处时,他(她)们也会情不自禁地有自己的情感表现,声音也有高低起伏的变化。然而,讲解员很快就会根据讲解的内容的需要,把自己的情感迅速恢复到正常情态。而少儿主持人与上面说的三种主持人是存有异同的。

少儿主持人要根据节目和内容的要求以及现场的主持情况来加入某些表情。如果表情过了,就会有一种表演的成分出现,观众看了会很不舒服,要是干干巴巴地主持,又显得缺少现场的气氛和感染力。所以,作为一名少儿节目主持人或者学习做主持人的少年儿童,必须先熟悉节目的形式、内容、性质、目的、宗旨,对于现场中观众们的各种情绪变化和思想情感的反映,要及时做出调整。表情到位,节目就出彩;表情过火,节目就会偏离方向。少儿主持人的表情和思想的传递直接对现场的小观众有着控制与调节的作用。

2.表情的可控性

少儿主持人的现场的表情,该丰富则丰富,该流露的就要流露,同时还要适当地加以控制。一名好的少儿主持人好比一个调控器,不可随意乱用表情,更不应该乱释放表情。主持时,要按照现场小观众的情绪来不断地调控观众的心理,要按照事先想好的主持思路,把这档节目做下来。如果把握不住现场、控制不住现场,不能按照预定的设想把这档节目主持下来,那就是一种失败。要不断地调整现场的气氛和小观众的情绪,引导小观众向着节目的高潮一步一步地走下去,

这样才会成一名好的少儿主持人。主持人靠表情引领观众毫不犹豫地和其所主持的节目进行到最后一个程序，这样就会使这档节目有色彩、有味道、有质量、有水平，才会有更多的收视率和更多的观众。如果拿不稳，心里没底，也可以事先自己找一个环境进行自我训练，直到自己满意为止。经过这样的一番精心准备之后，当主持节目时，基本就可以不断地调整和控制自己所主持的现场了。

四、少儿主持人的才艺

少儿主持人不但需要具备以上的诸多条件，最好还要具备一些才艺。俗话说："艺多不压身。"具备才艺的少儿主持人，主持节目(特别是娱乐节目)时会更加得心应手。

当然，做一名少儿主持人不是要让你每种才艺都精通，但必须要懂得某些才艺的基本知识或者常识，甚至要懂得怎样来欣赏。不然，在现场就不能把观众的情绪调动起来。

我们经常会在电视节目中看到那些具有较高水平的节目主持人在主持节目时，不但把观众的情绪和参与的劲头给调动起来了，而且无论提起哪种文化和哪种艺术他们都会略知一二。有的人甚至还可以当场和观众互动起来，用自己的某项才艺，如绘画、书法、雕刻、弹琴、唱歌、跳舞、演小品，与观众融合在一起。这种融合，不仅产生了互动效应，同时也拉近了主持人和观众的情感距离。我们刚刚学做主持人的少年儿童，不能有居高临下的感觉，要在节目的主持中突出自己

的个性,既有自己的风格,又能融于节目和观众之中,还要具备"化出化入"和"化入化出"的主持技巧。这种技巧,除了个人才艺的展示,更重要的是要将主持人的才艺融合到主持人的节目之中。这样,主持人不但会给现场的观众留下非常深刻的印象。电视荧屏前的观众也会对少儿节目的主持人所主持的这档节目,包括主持人在内,都会有非常深刻的印象。

五、校园活动主持训练

（一）小学生新学期开学典礼献词

尊敬的校领导,亲爱的老师、同学们,大家好!

春光明媚百花鲜,彩旗飘飘舞蹁跹。

清风杨柳伴新阳,莘莘学子笑开颜。

在今天这个春光明媚的日子里,我们骄阳小学全体师生为迎接新学期的到来,在这里举行新学年开学典礼。此刻,我们每一个人都无比兴奋,无比喜悦,无比自豪。

亲爱的校长、老师、同学们,我们骄阳小学具有 30 多年的历史。这里不仅有强大的师资力量和一流的教学设施,还有科学化、规范化的教学管理。此外,我校还在全市的校园文化艺术节活动评比中,彰显出了独有的校园文化和教学艺术。学校日新月异的变化和同学们在校园里那蒸蒸日上的学习知识的劲头,更是让许多人羡慕不已。我校除了具有良好的教学水准,还有学校领导的大力支持与人文关怀,

所以才取得了骄人的成绩并受到社会各界的广泛关注。

今天,我们要把这些优秀的传统继承下来并发扬光大,让一代代学子在这里沐浴新的阳光,更好地成长!

下面我宣布,骄阳小学新学年开学典式现在开始。升国旗,奏国歌。

(二)六一儿童节——我们自己的节日

男主持人:尊敬的校领导,

女主持人:亲爱的老师,

男女(合):同学们,节日好!

男主持人:六月是阳光明媚的日子,

女主持人:六月是大地微笑的日子,

男主持人:六月是百鸟歌唱的日子,

女主持人:六月是鲜花开放的日子。

男主持人:六月的天空是蓝蓝的,

女主持人:六月的江水是清清的。

男主持人:六月的小树是碧绿的,

女主持人:六月的空气是清新的。

男主持人:在美丽的六月里,我们迎来了又一个国际儿童节。

女主持人:在幸福的六月里,我们为自己的节日精心地装点打扮着。

男主持人:我们在六一儿童节里,放飞着一颗颗童心。

女主持人:我们在六一儿童节里,用歌声来赞美自己的祖国。

男主持人:中国的少年儿童在欢庆自己的节日,

女主持人:世界各国的少年儿童也在欢庆这个节日。

男主持人:初进校园时的情景,

女主持人:依然历历在目。

男主持人:忘不了开学典礼时校长的再三叮嘱,

女主持人:忘不了老师手把手地为我们辅导每一门功课。

男主持人:忘不了入队时我们在火红队旗下庄严宣誓的那一刻,

女主持人:忘不了我们最爱唱的红领巾之歌。

男主持人:刚进校时我们还很稚嫩,

女主持人:是亲爱的老师呕心沥血为我们把知识传播。

男主持人:老师在黑板上写下了两个大字——祖国,

女主持人:祖国永远都在我们心里,一刻也不能分割。

男主持人:我们学会了"锄禾日当午",

女主持人:我们学会了 ABCD, 还有 bpmf。

男主持人:我们学会了加减乘除的运算方法,

女主持人:我们学会了用世界上最美的文字来写作,赞美我们的
祖国。

男主持人:我们像新栽的小树苗,

女主持人:我们像含苞欲放的花朵。

男主持人:我们的精神家园就是学校,

女主持人:我们所学的每一点知识都是老师在为我们一天天夯实着。

男主持人:新阳出东海,

女主持人:万里扬碧波。

男主持人:山川把舞跳,

女主持人:五洲齐放歌。

男主持人:初夏迎六月,

女主持人:微风拂小荷。

男主持人:校园庆六一,

女主持人:欣喜结硕果。

男主持人:欢庆国际六一儿童节,

女主持人:校园联欢会——

合 :现在开始。

(三)美丽的鼓乐队(少年先锋队鼓乐队成立仪式主持词)

尊敬的校领导、亲爱的老师、全体少先队员们:

大家好!

今天,是我们黎明小学少年先锋队鼓乐队成立的日子。首先,请允许我代表黎明小学全体少先队员, 对我校的少年先锋队员鼓乐队

的成立表示衷心的祝贺！

今天，参加我们黎明小学少年先锋队鼓乐队成立仪式的有市和区教委的领导、有来自市区各小学校的大队辅导员老师、有我校的校领导和大队辅导员老师，让我们以热烈的掌声，欢迎他们的到来！

首先，请我校领导为少年先锋队鼓乐队的成立致贺词。

接下来，请来自XXX校的辅导员老师致贺词。掌声欢迎。

下面由我校大队辅导员老师为我校少年先锋队鼓乐队的成立致贺词。

请区教委的领导为我们少年先锋队鼓乐队的成立作指示。掌声欢迎。

下面让我们以最热烈的掌声，欢迎市教委的领导做指示。

接下来，由我来代表我校少年先锋队鼓乐队全体队员向大家进行表态发言。

天蓝蓝丽日艳艳，云淡淡风暖校园。

情深深激情无限，花烂漫鼓乐震天。

各位领导、亲爱的老师、全体少先队员们，我们黎明小学少年先锋队鼓乐队的成立，是我们全校少先队员的一件大喜事。它的成立是我们少先队员的骄傲，也令我们少先队员自豪！

我相信，我校的少年先锋队鼓乐队，在各级领导的关心、爱护和支持下，在大队辅导员老师的亲自带领下，一定能够团结一致、万众

一心、与时俱进,奏出最和谐、最美丽、最动人的华彩乐章,奏出少先队员最理想的红领巾之歌、少年先锋队之歌,奏出时代少年的最强音。

为了让我校的少年先锋队鼓乐队成为最棒的鼓乐队,我们每名少先队员,都会以积极、饱满、热情的态度来关心、爱护、支持我们自己的鼓乐队。不管遇到什么困难,我们都会一往无前。希望每名选入这个鼓乐队的少先队员,都爱护这个集体、爱护鼓乐队的名誉、爱护鼓乐队的声望。你们能够进入这个让同学们羡慕与赞美的集体,是班级的光荣、学年的光荣、全校的光荣!

今天,我们聆听了市、区教委领导对我们少年先锋队鼓乐队的指示以及对我们的祝贺,我们都会把这些牢记在心里。这份美好的祝愿,是给少年先锋队鼓乐队的最好的礼物。我们决不辜负领导的期望,在大队辅导员老师的带领下,一定会把我们自己的少年先锋队鼓乐队办得更出色、更有自己的风格、更能与时代同步。

下面,我宣布:我校少年先锋队鼓乐队成立!奏乐。

黎明小学少年先锋队鼓乐队成立仪式到此结束。

再见!

(四)小学生校园艺术节主持词

尊敬的领导,亲爱的老师、同学们,大家好!

今天,是我们全校师生共同迎来的又一个难得的节日——小学

生校园艺术节。为了使这次校园艺术节办得有声有色，使每名参加校园艺术节的同学都能积极地参与这次活动，我们希望大家能够把在业余时间学到的才艺展示给全校的师生。让大家了解你、知道你。只要你参与，我们就欢迎。

同学们，千万别错过校园艺术节这个难得的机会。在这里，你可以通过自己的歌唱抒发你对生活的热爱、对学习的渴求。歌声可以让你的心灵更纯洁。有的同学不会唱歌，但你可以拿起自己的画笔，当场作画。题材不限，只要你想画，这里就会给你提供一片绘画的空间，让你画出自己心中最美的图画。还有的同学擅长舞蹈，我们更欢迎你用舞蹈来表达你在节日里的欢快心情。请你用最优美的舞姿，跳出自己的旋律，跳出时代的舞步，跳出你对班级、同学、老师、学校的爱，用舞蹈来表现你的情感。这将是校园艺术节的一道很美的风景线。有的同学以上内容都不擅长，但你可以写字、写书法，只要你想写，你就能写出你对校园的真爱来。来吧，同学们，让我们共同歌唱，共同舞蹈吧！

下面，我宣布：本校校园艺术节正式开幕。

放飞和平鸽，放飞彩球，升国旗。

(五)小学生校园升国旗仪式主持词

尊敬的校领导，敬爱的老师，同学们：

今天是我们学校的开学典礼，也是升国旗、唱国歌的日子。

好，下面，我宣布：新阳小学新学年开学典礼升旗仪式现在开始。升国旗、奏国歌。

同学们，当庄严的国歌奏响时，当鲜艳美丽的五星红旗在我们的面前冉冉升起的时候，当我们的头上飞起一群白鸽翱翔在蓝天时，当鲜花频频地向五星红旗点头致敬时，我们此时此刻的心情该是多么不平静啊！

同学们，大家可曾认真地想过，我们今天能够在美丽的校园里读书、学习，能够在没有硝烟、没有炮火、没有枪林弹雨、没有流血和牺牲的和平而又宁静的校园里学知识、学文化，是多么幸福的一件事啊！面对着五星红旗，我想起了无数的先烈。为了中华民族的解放，为了祖国的和平统一，他们前赴后继、不怕流血牺牲，用自己的鲜血染红了这面高高地飘扬在蓝天上的五星红旗！让我们向国旗致敬，向为祖国牺牲的先烈们致敬！

我们不是常说，看到了五星红旗，就看到了自己的祖国吗？

爱国意味着什么？爱国就要爱五星红旗。没有五星红旗在我们远离祖国的地方飘扬，我们就不能真正地感受到自己是和祖国在一起的。我想，一个远离故土的中国人，不管他在大洋彼岸是一个什么样的生活状态，不管他在那个国家有多少财富，也不管他在异国取得了怎样的成就，他每时每刻都会有一种人在异国他乡的乡愁滋味在心中油然而生。我说的是真实的故事，我们每位同学都会从自己的那些

曾经出国,而今又回到了祖国的亲属、朋友、学友、邻居那里找到答案。特别是在电视里,我几乎每天都能看到那些海外赤子思乡情切,渴望早一天回到自己的祖国来,渴望每天都能够看到五星红旗在自己的眼前升起和高高地飘扬。

当王军霞取得世界冠军,双手高举五星红旗在田径场上奔跑时,当王义夫在射击比赛中获得奥运冠军时,当刘翔在奥运会上箭一般地飞速奔跑并获得了第一名,成为世界瞩目的焦点人物和冠军时,当中国女排以顽强的毅力和不断拼搏的精神,又一次获得世界女排冠军时,他们在领奖台上,面对着冉冉升起的五星红旗一次又一次地热泪盈眶,因为他们知道自己所取得的每一点进步都是祖国给予的。

同学们,当我们的校园升国旗仪式即将结束时,我想引用一位1949年中华人民共和国开国大典时的中国人民解放军联合军乐队的一名老队员的话来共勉。他说,五星红旗是我们中国的自豪、骄傲、幸福、光荣。

同学们,让我们更加爱我们的国旗吧!让我们的国旗永远鲜红、永远高高地飘扬在祖国的蓝天。

(六)我爱我美丽的校园(小学生开展"爱我校园"活动主持词)

敬爱的老师、亲爱的同学们,大家好!

春光明媚,百花盛开,莺歌燕舞,杨柳抒怀。

今天,是我们开展"爱我校园"活动的第一天。我们都知道战士爱

军营、工人爱工厂、农民爱田野,而我们小学生自然应该爱我们自己美丽的校园。这是天经地义、永远不可能改变的事。

爱校园不是一句空话,而应该成为我们每名在校学生学习与生活的全部,应该从每个人做起、从自己做起。

不知同学们是否记得我们刚入学时,我们的班主任和老校长亲自为我们做的表率。他们用自己的工资购买了白杨树苗,当树种运进学校时,老校长和班主任又利用双休日,把那些可爱的白杨树苗一棵棵排列整齐地种在了校园里。如今,这些小白杨已经长高了,长得几乎和四、五年级同学的个头一样高。小白杨不但长得枝干挺拔、枝叶翠绿,每当清晨和傍晚,还会引来许多可爱的小鸟在这一排排的杨树上又蹦又跳。有时鸟儿们还会兴致勃勃地歌唱。我们的老师和校领导们为我们做出了榜样,这对我们不仅是一种激励,更是一种鞭策。

今天,我们提倡爱我校园,不是说让我们向家长要钱去买树种。我们应该有一种自觉的精神。为了爱我校园,我们可不可以先把自己班级的门窗擦得又净又亮?我们可不可以把教室里的每个角落都拾弄得井井有条?我们可不可以把学校的操场打扫得更干净些?总之,我们要像爱护自己的家园那样去爱护自己的校园。试想,一个连学校都不爱的学生,又怎么能够成为一名品行端正的好学生呢?这是不可能的。其实,好习惯是靠平时一点一滴养成的。有了好习惯,只要风雨天我们就会关好教室的门窗;有了好习惯,教室里的角落也就干净利

索了。好习惯靠培养。同学们，在我们开展"爱我校园"活动之时，让我们从头做起、从今天做起吧！搞好我们校园的卫生，美化我们校园的学习环境，不随地扔碎纸，不说脏话，不打架，不骂人，不破坏公物，爱护教室里的桌椅板凳，爱护我们的楼梯和走廊，爱护校园栽种的花花草草，多说文明用语，让我们的心灵美起来，让我们的校园也美起来。

同学们，在我们即将开始行动之时，我用一首小诗作为我这次主持的结束语，希望大家能够喜欢。

我爱你美丽的校园，

这里有像妈妈一样的老师的笑脸。

那笑容里流露出来的是慈母般的爱，

那笑容里泛出来的是护犊般的威严。

那笑容里送给我们的是阳光般的温暖，

那笑容里流出来的是股股清泉。

老师，您就是我们的妈妈，

是您用辛勤的劳动和汗水栽培着我们，

是您把我们打扮得像花儿那样的美丽。

啊！我爱亲爱的老师，

也爱在此学习和生活的美丽的校园。

(七)理想(班会主持词)

亲爱的老师、同学们，大家好！

人活着就要有理想。在座的同学都有自己的理想,对于理想每个人都有各自的追求。

有的同学的理想是当一名科学家,有的同学的理想是考上一所名牌大学,有的同学的理想是想成为一名舞蹈家。

我认为,理想是一个班级乘风破浪前进的航船,理想也是一个人生命的动力。没有理想的人,就是活着也很平庸;没有理想的人,就是活着也会失去自己对学习和生活奋斗的目标。

今天,我们全班同学在这里讨论理想,希望大家能够畅所欲言,各抒己见。作为班会的主持人,我也有自己的理想。我的理想是当一名人民教师。因为教师的职业不仅神圣,而且也无上的光荣。有了这个理想,我就会朝着这个目标奋斗和前进。做一名合格的教师,首先要有无私奉献的精神。不求索取,是一名教师的美德;不求功利,是一名教师的原则。我记得有一首歌的歌词写得非常好:"小时候,我以为你很美丽,领着一群小鸟飞来飞去。长大后我就成了你,才知道那块黑板写下的是真理,擦去的是功利。"这首歌的歌词,也将成为我今后做人的座右铭。

同学们,一年二班理想讨论会,现在开始!

(八)热烈欢迎新入队的少先队员

尊敬的校领导,亲爱的少先队大队辅导员老师,亲爱的少先队员同学们,现在我宣布:光明小学新同学加入中国少年先锋队入队仪式

现在开始。

全体起立,升国旗、奏国歌。下面请鼓号队奏乐,出少先队队旗,全体少先队员敬队礼。礼毕。

今天,是新队员入队的日子,我代表全体老队员向你们表示衷心的祝贺。

当你们戴上鲜艳的红领巾的时候,你们一定很骄傲、很自豪。可你们知道吗? 红领巾是红旗的一角,是无数革命先烈用鲜血和生命换来的。它的来之不易,我们一定要牢记在心中。

今天,我们能安静地坐在教室里聆听老师讲课,学习各种文化知识,我们难道不应该觉得自己每一天都很幸福吗? 但是,我们要把戴上红领巾时的自豪和骄傲,化作"时刻准备着,为共产主义事业而奋斗!"的终身理想和目标。我们要做共产主义的接班人,要继承革命先辈的光荣传统,爱祖国、爱人民,不怕困难、不怕敌人、不怕牺牲,努力学习,为着理想前进! 前进! 再前进!

为了让红领巾精神永放光芒,新老少先队员们,让我们共同携起手来,朝着21世纪的金光大道阔步向前。为实现我们每个人心中的中国梦,努力学习、天天向上吧!

第五节 晚会节目主持

一、金桥外语学校新年联欢会主持词

甲：七彩霓虹蓝天飞架，

乙：大红春联门前高挂。

丙：中华大地张灯结彩，

丁：我们给大家拜年了。

甲：我爱黑土地的冬天，

乙：我爱北国的小雪花。

丙：我爱这所外语学校，

丁：我爱这里的文化、学习氛围。

甲：这里有我喜欢的外语，

乙：这里有我喜欢的外教。

丙：这里有我喜欢的老师，

丁：这里是我最喜欢的外语学校。

甲：刚来时我是个小不点。

乙：那时候我还太小太小。

甲：我的学习成绩在提升。

乙：我的功课自然会提高。

丙:我的口才得到了锻炼,

丁:我为自己感到自豪和骄傲。

甲:这里是我学外语的第一个学校。

乙:能来这里,是我一生最大的骄傲。

丙:我相信,我会成为一名外语学得好的学生。

丁:我坚信,我的外语成绩会越来越好。

甲:今天我可以骄傲地说,

乙:只要你走进这所外语学校,

丙:你就能看到未来人生的彩虹,

丁:看到你一步一步地走上那充满异国风光的——

合:外——语——金——桥。

二、六月,我们将要告别(六一儿童节联欢会主持词)

甲:六月的天空蓝蓝的,

乙:六月的云儿白白的。

丙:六月的风儿暖暖的,

丁:六月的小树绿绿的。

甲:六月,我们儿童的节日,

乙:六月,我们放飞思绪的季节。

丙:六月,我们展开理想的双翼,

丁:六月,我们编写自己的童话。

甲:今天,我们在这里汇报,

乙:今天,我们就要和老师告别。

丙:今天,我们好像长大了许多,

丁:今天,我们将美梦装进太阳这盘光碟。

甲:曾记得我们刚来学校的时候,

乙:那时我们真的太小太小。

丙:在老师的精心呵护下,

丁:我们绽放出美丽的思想花朵。

甲:请欣赏配乐诗歌——

合:《当夏日雨来的时节》,

甲:表演者——

合:崇俭小学四年二班学生。

三、少年宫主持人班学期成果汇报表演主持词

甲乙:尊敬的领导,

丙丁:亲爱的老师,

群:夏日好!

甲乙:我是一棵小草,

群:狂风暴雨吹不倒。

丙丁:我是一枝小花,

群:大自然中开得俏。

甲乙:我是山野中的青竹,

群:雪雨风霜挺直腰。

丙丁:它一枝一叶总关情,

群:它清新翠绿香气飘。

甲乙:做竹就要——

群:咬定青山不放松。

丙丁:做竹就要——

群:立根原在破岩中。

甲乙:做竹就要——

群:千磨万击还坚劲。

丙丁:做竹就要——

群:任尔东西南北风。

甲乙:俗话说——

群:台上一分钟,台下十年功

丙丁:上半学期汇报表演,

群:现在开始。

甲乙:请欣赏群口快板。

群:尖团字音要分开。

　　打竹板,走上台。

　　高高兴兴唱起来。

唱得好请您鼓鼓掌，

唱不好算我练口才。

自从学习口才表演后，

我的胆量渐渐大起来。

敢说敢唱敢表演，尖团字音能分开。

"团"字要发卷舌音，

舌头向上翘起来。

"尖"字发音舌尖顶住下牙齿，

气流跟着往外排。

身杀傻战争人才，

治虫睡处穿拆猜。

社市成分租桌坐，

书扇吹出春林来。

您听我唱得怎么样？

您看我唱得乖不乖？

如果您要不鼓掌，

我就举着竹板不下台。

丙丁：请听绕口令。

群：牛牛爱牛不骑牛

小牛牛放小牛，

牛牛跟着小牛走。

穿过桃花林，

翻过梨花沟。

小牛慢悠悠，

牛牛扭着头。

小牛小，小牛牛爱，

牛牛爱牛不骑牛。

甲乙:学期成果汇报表演到此结束。

四、我们盼望这一天(少年宫艺术启蒙班新年联欢会主持词)

甲:尊敬的领导，

乙:亲爱的老师，

丙:亲爱的叔叔阿姨，

丁:亲爱的爸爸妈妈，

群:新——年——好!

甲乙:我们盼望这一天，

丙丁:我们盼望这一天，

群:我们盼望这一天，

　　像童话里的元旦，

　　像寓言里的新年，

　　像圣诞老人的祝福，

像小朋友自己许下的心愿！

甲：你看！一群小鸟落在了窗口。

乙：你听！元旦钟声敲响了新的一年。

丙：小雪花飞舞到少年宫门前，

丁：铺成了一片片洁白的迎宾地毯。

群：太阳公公带来了云婆婆，

　　小星星带来了一群小伙伴，

　　冬娃娃们送来了红红的中国结，

　　月亮姐姐送来了一个大花篮。

甲：五彩缤纷的花瓣上，

乙：挂满了晶莹的露珠。

丙：这美丽鲜艳的花瓣呀，

丁：就像小朋友们金灿灿的笑脸。

男生：(合)分给你一瓣，

女生：(合)分给他一瓣，

女生：(合)分给所有人一瓣。

群：花瓣里装的是幸福，

　　花瓣里装的是圆梦中国的语言，

　　花瓣里装的是希望和芬芳，

　　花瓣了装的是美妙梦幻。

甲：在这里有老师的关怀，

　　和妈妈一样的疼爱。

乙：在这里有忘不掉的每一天，

　　和母亲一样的呵护陪伴。

群：啊！我们分享阳光，

　　我们分享喜悦，

　　我们分享快乐，

　　我们分享幸福。

丙：在这里——

　　一片片温暖，

　　牵住了我们的心。

丁：在这里——

　　我们除了学习、唱歌、跳舞、识字，

　　每天都很悠闲。

群：我们在这里长大了，

　　我们在这里长乖了，

　　我们在这里长美了。

甲：在这里，我们有自己的追求，

乙：在这里，我们可以实现自己的心愿。

丙：在这里，我们有自己的天地，

丁:在这里,我们变得更加坚强和勇敢!

群:把我们的欢笑送给爸爸妈妈,

把我们的学习成绩编成一束束美丽的花环。

今天,在这里汇报,请您来检验。

小小的我拨开历史的风尘,

让我们用心中的第一缕晨曦迎接又一个新年。

甲乙:哈尔滨市少年宫全日制艺术启蒙班——

群:新年联欢会现在开始。

五、欢庆六一联欢会主持词

甲:尊敬的领导,

乙:亲爱的老师,

丙:亲爱的同学,

丁:亲爱的观众朋友们,

合:你们好!

甲:夏日雨来的时节,我们已经学习快五个月。

乙:细细蒙蒙的雨丝,使我们的语言向上拔节。

丙:鲜红鲜红的朝霞,把我们的口才染成金色。

丁:轻轻柔柔的风儿,和我们把功课共同温习。

甲:啊!我们像蓝天衬托着大地,

乙:我们像美丽的花朵、清泉与小溪,

丁：我们像白色的风儿带来阵阵温馨。

甲：今天是六一国际儿童节，

乙：是每位同学都期盼的日子，

丙：我们感到十分的亲切，

丁：我们更觉得这一天更加幸福甜蜜。

甲：灿烂的童年在这一天是一个新的起点，

乙：美好的童年在这一天更加灿烂。

丙：我们是新时代的接班人，

丁：我们已走进 21 世纪。

甲：我们将更加珍惜这段时间，

乙：用学习去迎接未来的挑战。

丙：新世纪正在向我们招手，

丁：让地球听我们的语言和口才来旋转。

甲：我们是祖国的花朵，

乙：我们是新时代的少年。

丙：我们牵放着语言的风筝，

丁：我们吹奏着口才的管弦。

甲：让时代更加美丽，

乙：让生活更加美满，

丙：让中华民族永远繁荣昌盛，

丁：让祖国到处都是美丽的春天。

合：欢庆六一联欢会现在开始。

六、少年宫宫庆主持词

甲：尊敬的少年宫领导，

乙：亲爱的老师，

丙：观众朋友们，

丁：夏日好！

甲：朝霞映红少年宫，

乙：鲜红小草展新容，

丙：众香国里谁最美，

丁：桃李带雨笑春风。

甲：培训学校二十年，

乙：恰逢宫庆再抒情，

丙：莘莘学童表真爱，

丁：犹如蜻蜓恋芙蓉。

甲：蓦然回首建校日，

乙：拍遍宫栏都是情，

丙：小小蒙童进学校，

丁：颗颗小星飞出宫。

甲：二十年阳光多明媚，

乙：二十年风雨见彩虹，

丙：二十年师生结同心，

丁：二十年耕耘别样情。

甲：二十年硕果枝头颤，

乙：二十年甘苦是园丁。

丙：二十年教学与实践双并重，

丁：二十年我们与祖国心相融。

甲：二十年啊二十年，

乙：宫前丁香树和我们共同见证。

丙：二十年啊二十年，

丁：二十年的校风火样红。

甲：我们歌唱你呀，美丽的少年宫。

乙：我们赞美你呀，迷人的少年宫。

丙：今天，我们学校的老师都坐在这里，

丁：这里将会见证记录我们每名少年儿童的成长。

甲乙合：哈尔滨市少年宫50周年宫庆暨培训学校建校二十周年——

丙丁合：素质教育成果展示、文艺节目汇报演出——

合：现在开始。

请欣赏舞蹈《开门红》。

七、六月的江水绿如蓝(小学生毕业典礼主持词)

甲:尊敬的校领导,

乙:亲爱的老师,

丙:亲爱的爸爸妈妈,

丁:亲爱的叔叔阿姨,

合:全校的同学们,

　　夏——日——好!

甲:六月阳光金灿灿,

乙:六月花儿格外鲜,

丙:六月小草清湛湛,

丁:六月江水绿如蓝。

甲:六月,我们魂绕梦牵,

乙:六月,我们歌声婉转,

丙:六月,我们把节日装扮,

丁:六月,我们要把梦想刻进太阳这个美丽的光盘。

甲:舍不得呀,朝夕陪伴我们的老师。

乙:舍不得呀,平日里和同学们牵手相伴。

丙:舍不得呀,我们用过的小课桌。

丁:舍不得呀,学习认字的那块小黑板。

甲:这里,有我们栽种的小树苗。

乙:这里,有我们浇灌的小花瓣。

丙:这里,有我们喂养的小金鱼。

丁:这里,有我们快乐的每一天。

合:这太多的回忆,

　　这太多的留恋,

　　这太多的舍不得呀,

　　都在这美丽的校园。

甲:忘不了校长的关爱,

乙:忘不了老师的笑脸,

丙:忘不了我们熟悉的一切,

丁:忘不了美丽的教室。

甲:这不是告别的告别,

乙:不是再见的再见,

丙:请让我说一声——亲爱的老师,

丁:我们将爱您到永远!

合:请欣赏配乐诗朗诵《当夏日雨来的时节》。

　　表演者:哈尔滨市崇俭小学校三年一班学生。

八、2008 年外语学校圣诞节联欢会主持词

甲:亲爱的老师,

乙:亲爱的家长,

丙：亲爱的叔叔阿姨，

丁：亲爱的观众朋友们，

合：节日好！

甲：冬日飘雪的时节，

乙：漫天飞舞着白蝶。

丙：飘飘洒洒的白雪，

丁：让世界变得更加纯洁。

甲：白雪装点着圣诞，

乙：风儿把雪花摇曳。

丙：雪花编织着新年，

丁：冬日翻开新的岁月。

甲：晨曦缥缈如白纱，

乙：小鸟啼叫吐虹霓。

丙：朝霞凝视着大山，

丁：雪花问候着黑土地。

甲：是谁抖落了尘沙，

乙：是谁奏响了冬曲，

丙：是谁带来了挚爱，

丁：是谁送来了温馨。

合：是老师为我们抖落了尘沙，

是老师为我们奏响了冬曲。

是老师为我们带来一片挚爱，

是老师为我们送来一片温馨。

甲：我们像一个个蓓蕾，

乙：我们似一颗颗松绿。

丙：我们如一朵朵小花，

丁：我们更像是一条条奔腾着的小溪。

合：在这里我们学会了——

群：ABCDEFG……

合：在这里我们学会了——

群：拼音和汉字。

合：在这里我们学会了——

群：泣鬼神、惊天地的古诗词。

合：在这里我们锻炼了——

群：如同雏燕向远方放飞的自己。

甲：是冬的晶莹滋润着春的葱茏，

乙：是爱的渴望铺就了丝路花雨，

丙：是冬天的童话，给了我们一个又一个梦想，

丁：是春天的翅膀，载着我们向未来凌空而起，展翅翱翔。

甲：你听！

群：圣诞老人正为我们唱着祝福的歌儿。

乙：你看！

群：圣诞老人的礼物是那样的神秘。

丙：悠悠绿韵——

群：正随着雪花玩耍。

丁：片片雪花，

群：送来新春的祝福，送来快乐的童趣。

合：CBA 外语学校

迎圣诞、庆新年汇报演出——

群：现在开始！

合：请欣赏配乐诗朗诵《我爱你，我的故乡》。

九、当我们戴上红领巾时的主持词

甲：风儿轻轻，

乙：云儿淡淡。

丙：太阳红红，

丁：溪水潺潺。

群：高山向您问候，大海向您祝愿。

小草向您欢呼，鲜花为您灿烂。

领：我们是一群美娃娃，

我们来到蓝天幼儿园。

领：这里有我们——

群：忘不掉的回忆和深深的眷恋。

领：刚进园时，我们还很不懂事。

群：像一个个小圈圈、小点点。

领：刚进园时，我们真的还小。

群：让老师操心，时刻惦念。

领：今天——

群：我们长高了、长帅了、长美了，

　　真的成了美少年。

领：激动的我们——

群：心潮澎湃，热泪盈眶。

领：我们深深地感谢老师啊——

群：把我们打扮得如此亮丽清新。

领：虽然今天我们毕业了，

群：可我们的心却依然还在这里。

领：明天我们就要走进各自的小学校，

群：那是您期望看到的我们真正的童年。

领：放心吧，老师——

群：一年后，当我们戴上红领巾时，

　　我们还会回来看望自己的老师和蓝天幼儿园。

十、古诗文朗诵主持词

男：银霜染大地，浓雾锁江天。

女：奇文共欣赏，读书破万卷。

男：我们跟随冬天的脚步在美丽的校园中快乐的生活，

女：我们跟随诗人的脚步在充满诗意的课堂里感受着经典。

男：当冬日的寒风掀开中华诗国的宝库时，一首首唐诗宋词就从幽幽远古的时代走了出来。

女：当冬日的暖阳照耀着祖国的花朵绽放着笑脸时，一首首唐诗宋词就从每位同学的心中传唱出来。

男：字字如珠矶，

女：句句是经典。

男：声声诵读，

女：情深意远。

男：千古美文，

女：华夏灿烂。

男：朗诵古诗词，

女：可以和诗人心灵相会。

男：朗诵名篇佳句，

女：可以开启一代少年心灵的诗篇。

合：我们在朗诵中感受祖国的山川河流的豪迈气势，

我们在朗诵中感受中华民族优秀的文化和悠久的历史。

我们在朗诵中汲取古诗词的营养、传承民族的文化和精神。

我们在朗诵中扩展视野,陶冶自己的真性情。

男:古诗词不但美丽而且排列整齐,

女:古诗词的韵味一字一句蕴含在诗歌的意境中。

男:今天,站在诗的山巅,我们的胸怀更加壮阔,

女:今天,站在诗的山巅,我们的视野变得更加广阔更加高远。

合:中华国学艺术启蒙班"感受经典——中华古诗词朗诵汇报演出"现在开始。

十一、新春佳节家庭团圆聚会主持词

锣鼓响,鞭炮炸,飞雪迎春喜万家。

爷爷奶奶爸和妈,欢聚一堂在自家。

新春之际,我向爷爷奶奶,爸爸妈妈拜年了!掌声鼓励。再热烈些。谢谢!

在过去的一年里,大家都为祖国的建设和科技进步与发展,以及市场经济的不断繁荣,付出了努力和辛苦。是你们,用辛勤的工作换来了全家的幸福生活;是你们,用自己的汗水浇灌了我这棵小苗;是你们,用无私的爱给了我一个成长的新天地。在此,我再一次的表示深深的谢意。谢谢!

在我们又一次辞旧岁、迎新春之时,当喜庆和吉祥正向我们全家

走来之时,请允许我这个小小的家庭晚会主持人为全家人祝福吧!

我祝爷爷奶奶百岁不算老、健康永长寿;我祝爸爸妈妈恩恩爱爱、事业有成、身体健康、一帆风顺;同时,我也祝愿今晚来我们家贺新春的亲朋好友,心想事成、身体康健;祝愿我本人在新千年和新世纪里,学习进步、天天向上,做一个能歌善舞,琴棋书画样样都能精通的乖孩子。

迎新春、庆大年,新春晚宴现在开始!

第六节 素材类主持

一、不同成语主持词连接训练

成语,是中国汉语语言中的精华。有的成语来源于书面语,如"首当其冲"就源于《汉书·五行志》"郑当其冲,不能修德"。有的来源于古诗,如"各在一方"就源自于苏轼写的《古诗四首》中的"良友远离别,各在各一方"。有的来源于民间故事,如"此地无银三百两"就是中国民间故事里说的事:有一个人把银子埋在地里,并且还写了一个字条"此地无银三百两"。还有的成语是来源于古代寓言,如"叶公好龙""守株待兔""刻舟求剑"等成语。好记好背好诵的"叶公好龙",正是来源于汉代刘向《新序·杂事五》一文中。当然,还有取自于民间的一些口头相传的成语,如"土生土长""心直口快"等。这些成语不仅是学习

少儿主持人的少年儿童需要学习和背诵的内容，也是某些重要场合的领导讲话、学生演讲、小学生作文、大学生写论文的必用之语。我们把几个互不相干、词义不同的成语互相组合在一篇少儿主持人的训练主持词中，其目的正是为了让其为学习少儿主持的少年儿童所用，也是想让他们对中国的成语有所热爱、有所掌握、有所理解、有所运用、有所发挥、有所展示。

恰如其分地使用成语、运用成语，可以提高主持人的主持水平、能力、本领。恰如其分地在节目中运用好成语，还会帮助主持人收到意想不到的效果。成语短小精悍，多为四个字。我们常常在做主持人和主持节目的内容时，就是因为找不到更准确的词语来表达主持人对这个节目的观点、看法，无法引领现场观众继续把主持人的节目主持下去。好词用了不少，好的成语词语也写在了主持词内，可就是总不能让自己满意。这时候，就需要我们静下心来，找一些适合节目的成语做主持词。大量的成语积累在胸间，可以随时用、随时取，如同成语所说的"囊中取物"一样。这样，经过长期的训练和锻炼，不断地提高少儿主持人的主持能力和水平，这样能做到真正有把握走上主持人这样一个"舞台天地小，天地大舞台"的主持舞台。中国有句俗语："不经风雨，难见世面。"要想真正长大，真正成为一名少儿主持人。我们首先要积累自己的文化，把学习、运用、使用成语变成一种自觉训练的目标。中国的成语也是当前我国开展保护中国文化非物质遗产

中的一部分。千万不能让成语文化从我们这里溜掉,成语是学习少儿主持人的文化之根。

(一)百年树人、十年树木

关键词链接:百年树人　十年树木　百尺竿头,更进一步

中华民族有五千多年的优秀教育历史。可是,有些人只注重学习、学习、再学习的教育却忽视了每个孩子的思想教育、品德教育和怎样做人的教育。

思想教育要比学习教育难得多。有些人对自己孩子的教育是失败的。不管学习成绩多么好,要是思想品德不好,孩子学习和掌握的知识又有什么用处呢?

自古中国就有"十年种树"和"百年大计"的说法。"百年树人"这样一个让所有的中国人都受用的成语,今天,我们把它拿出来重新晒晒,或许对那些只重学习而忽略思想道德教育的家长会有所启迪。

亲爱的爸爸妈妈,亲爱的家长们,你们别总是把眼睛盯在我们的学习上。我们的人品教育、道德教育,您管了么,您问了么,您自己做到了么?

今天,电视剧《焦裕禄》又给我上了一堂生动的人生教育课。希望你们和我们一起为了中国的思想教育和道德建设而努力。

(二)亡羊补牢为时不晚

题目:亡羊补牢为时不晚　　时间:30秒

关键词链接:守株待兔　好逸恶劳

改革开放的中国发生了天翻地覆的变化。人民的生活越来越好,生活质量得到前所未有的提高。生活的质量与过去大不相同。可生活好了也还是有人一边吃着碗里的肉一边不断地骂娘。尤其是那些好逸恶劳总是想要不劳而获的人,真是应该好好地反思自己。还有的懒人总是等着天上掉馅饼。同学们,中华民族是一个以勤劳来开创未来的伟大民族。劳动不但可以获得丰硕的果实,劳动还可以让人们变得更聪颖。奉劝那些贪图安逸、不爱劳动的人,赶快改掉自己身上的恶习。劳动可以让人发家致富,劳动可以让人更加快乐。中国有句成语说得好。"亡羊补牢",为时不晚。

(三)我们长大以后应当做个什么样的人

题目:我们长大以后应当做个什么样的人

关键词链接:为富不仁　街谈巷议

同学们,今天我们的班会将要举行一次关于"我们长大以后应当做个什么样的人"的讨论。对于这个问题,我们每个人都会有自己不同的理解、不同的观点与不同的看法。

首先,让我谈谈自己对这个问题的看法,抛砖引玉。平时我们总是把这样一句话挂在嘴边:"长大后我们一定要做个对社会有用的人。"话是这么说,可要是真正地做起来就没有那么容易了。我听过这样一个故事:有个从小学习成绩一直很好的学生。长大后,他不仅靠

老师传授的知识有所发明、有所创造,据说他还挣了许多的钱。可是,当他的这位老师临终前提出想要看他一眼的时候,他却让人捎来一句话:"我太忙,没有时间。"

这件事被他当年的许多同学听说后,大家议论纷纷,都说他是"为富不仁"之人。在同学们之间对他形成了一种"街谈巷议"的攻势。所以,别说什么做一个对社会有用的人,就是做一个不忘师恩的人,那就已经很不容易了。我的砖头是扔出来了,下面请大家踊跃发言。

(四)多读书可以让人变聪慧

题目:多读书可以让人变聪慧

关键词链接:一寸光阴一寸金　百尺竿头,更进一步

同学们,大家好!今天讨论一个话题"多读书可以让人变聪慧"。对于这个问题,可能会有人持有不同的见解。可我是持赞同观点的。古人常说:"书中自有黄金屋,书中自有颜如玉。"可见古人对读书的重视程度。有的同学会说:"着什么急。人的一生长着呢,为什么那么着急去读书呢?"同学们要知道,我们人生的时间真的很有限。"一寸光阴一寸金,寸金难买寸光阴"这个道理大家应该都知道。千万别因为你自己好像比其他同学多读了几年书你就觉得自己了不起。通过读书变聪慧的人才知道,要抓住每一分每一秒去多读书,"百尺竿头,更进一步"。所以我说,最聪明的人也是最爱读书的人,而最爱读书的人必定是最聪慧之人,千万别去碰游戏机,少接触电脑。好书无毒,电

脑却常常会让意志薄弱的同学中毒。这算是我的一段开场白吧!

(五)我最喜欢的一本课外书

题目:我最喜欢的一本课外书

关键词链接：心旷神怡　心明敞亮　心静如水　书山有路勤为径,学海无涯苦作舟

亲爱的电视机前的观众朋友们,大家好,这里是《我最喜欢读的一本课外书》节目。中国是一个具有五千年文化历史的大国,也是一个喜欢读书的国家,从孔子到先秦诸子百家再到唐宋元明清的许多著名文人,他们的一个共同特点就是一生愿意以诗书为伴。下面我把话题再拉回来,那就是除了在学校读书学习,我们还要多读一些好的课外书。读好书,可以"心旷神怡""心明眼亮""心静如水"。而我最喜欢的一本课外书就是由上海教育出版社出版的《汉语成语词典》。有的同学会说,真奇怪,别人都喜欢中国的四大名著,而你却只啃一本《汉语成语词典》。要知道,这本小小的《汉语成语词典》包罗万象,包含着太多太多的历史知识和文化。从中我们不但可以了解每句成语的出处,认识谁是周公、谁是老子,而且还可以知道诗人韩愈不仅会作诗,他还著书立说。这本成语书让我们了解了中国的文人、名人、历史和文化,会使你有"书山有路勤为径,学海无涯苦作舟"的读书欲望。这本课外书,是我一生相伴的朋友。我相信,你也一定会喜欢这本《汉语成语词典》的。

二、不同谚语主持词连接训练

谚语是中国劳动人民的智慧和经验的结晶，也是中华民族在长期生活和劳动中创造出的一朵瑰丽奇葩。谚语像一颗璀璨的明珠，在中华民族语言的宝库中放射出耀眼的光芒。因此运用中华民族千百年来形成的语言艺术之花——谚语来训练少儿主持人，并把那些渗透着劳动智慧、闪烁着真理的光辉、富有生活哲理的谚语拿来对学习主持的少年童进行谚语连接与即兴训练，不但可以训练学习主持的少年儿童头脑快速反应能力和思维的敏捷度，还能够使学习者通过不同的谚语之间的连接得到一种口才和口齿的训练。

谚语按照其内容进行分类可以分为事理谚、生活谚、学习谚、处世谚、文体谚、写作谚、真理谚等；按字数分类可分为三字谚、四字谚、五字谚、六字谚、七字谚、十字谚等。我们用谚语来做少儿主持人的语言训练，不仅可以丰富少年儿童的语言、积累大量的词汇，而且还能够让他们在不断的学习和训练中得到一些体悟。本书在去粗取精、去糟粕选优良的基础上，把那些有益于少年儿童并能够给孩子们以启迪和思考，积极向上、健康活泼、通俗易懂、好学易记、便于背诵、朗朗上口的谚语，作为主持词的编写与创作素材。比如"鸟美在羽毛，人美在学问""书山有路勤为径，学海无涯苦作舟""天上星照星，地上人中人""花是故乡好，月是故乡圆"这样的谚语，如果拿来放在少儿主持词中，学习者很快就能从心里接受和理解这些"五字句"和"七字句"

的谚语。尤其是像"鸟美在羽毛""天上星照星""花是故乡好"以及"月是故乡圆"这样一些平时看得见、头脑中具象形状很清晰的东西，很快就能让学习主持的少年儿童记住。这些具象物体中带有形象非常鲜明的"鸟""星""花""月"，都是孩子们生活中的审美对象，所以非常适合拿来训练主持语言。另外，也有像"瓜无滚圆，人无十全""人多智广，柴多火旺""一锹挖不成井，一笔画不成龙""黄河有两岸，事情有两面"这样的合辙又押韵的谚语。这里既有"言前"韵辙的谚语和"江阳"韵辙的谚语，也有"中东"韵辙的谚语。这些有韵和有辙的谚语，有的音韵响亮，有的音韵读起来上口，有的音韵让人听着就感到很好听。这样，少年儿童在进行主持词训练时，就不会觉得主持词枯燥和乏味。更重要的是，选择这样一些短小精悍、词美意深、言简意赅、音韵响亮、形象逼真、鲜活动人的谚语，可以给那些学习少儿主持的少年儿童带来一种精神上的愉悦。

(一)学习主持人必须得下苦功夫才行

题目:学习主持必须得下苦功夫才行

关键词链接:台上一分钟,台下十年功

同学们,你们好!今天咱们讨论学习主持人为什么非得下苦功夫才行。

每当我们打开电视机，就会在电视荧屏中看到有各类节目主持人在那里主持节目。无论是做新闻节目、谈话节目、访谈类节目、娱乐

类节目还是综艺类节目,根据这些节目的形式和内容的需要,每名主持人都必须在拉近与观众的距离的同时,把自己的主持风格、主持语言和主持个性充分地展示出来。要想达到以上的标准,你就必须得有"台上一分钟,台下十年功"的吃苦学习精神,不然你就不要去选择这个职业,不要异想天开,想哪天在哪个节目上一炮走红,一夜成名。有的主持人即便现在很有名,他要是居高自傲、停滞不前,说不定观众也会把他给遗忘掉。不要光看主持人风光亮丽的一面,还要了解人家背后下了多少工夫,吃了多少苦头。只有这样你才能成为一名合格的主持人。

最后,我想用一句话来结束这段主持词,那就是:"书山有路勤为径,学海无涯苦作舟。"只有不断地去努力刻苦地训练自己,才能真正学好主持人这个面对观众的职业。好,下期节目再见。

(二)什么叫作美

题目:什么叫作美

关键词链接:鸟美在羽毛　人美在学问

同学们,对于什么是美,大家可能会说出许多种美丽的事物。有的人喜欢自己的脸蛋长得美,有的人喜欢自己穿衣打扮比别人美,有的人喜欢别人夸自己美。

总之,我认为以上这些都不重要,学习知识不耻下问、求学若渴的精神才是最美的。有些谚语说得好。"鸟美在羽毛,人美在学问。"

"学问学问,要学要问,不学不问,等于白混。""学问之根苦,学问之果甜。"学习求问,对每个同学都很重要。也有人说:"我就是有点笨。"可笨鸟先飞嘛。有的谚语不是也这么说了么?"不怕头脑笨,勤学加好问。"如果你认为自己笨,而又不勤奋、不努力学习、不认真求学问,那才叫真笨呢。

这个世界上没有笨人,只有不求学问、不思进取、不想上进的人。只要你把所学所问的知识掌握在手,你就是这个世界上最美的人。好,同学们,下面我们就针对"什么叫作美"这个主题来开展一次全班性的大讨论。

(三)怎样看待一个人的优缺点

题目:怎样看待一个人的优缺点

关键词链接:黄河有两岸,事情有两面

亲爱的观众朋友们,大家好。

我是《怎样看待一个人的优缺点》栏目的主持人。今天和大家一起来讨论这个问题,希望大家各抒己见。关于这个问题,我想先做一个抛砖引玉的发言。在生活中,我们经常会听到某某人会这样说:"我们那里谁谁谁简直是糟糕极了。这个人你可千万别和他接触,也别同他打交道。他有一身的毛病和缺点,不值得你和他相交或来往。"

其实,这位所说的那个缺点很多的人,是我十分熟悉的一个人。不错,这个人身上确实有些小毛病。可是,这个人还有不为他人所知

的另一面,那就是他的优点也很多。比如说,谁有困难他会都主动上前帮助。记得有一次,他在一个不起眼的地方捡到了10万块钱。他从早上9点到下午4点就一直站在那里等着那个丢钱的失主。当失主把钱接到手里后,要从中拿出一部分钱来答谢他的时候,他却拒绝了,然后转身离去。

直到那个丢钱的人给他的学校送去表扬信后,大家才对他刮目相看。有句谚语说得好:"黄河有两岸,事情有两面。"看一个人,其实也应该这样看。

(四)如何才能做一个正直的人

题目:如何才能做一个正直的人

关键词链接:正直是一生之宝　人直有人逢,路直有人走

观众朋友们好。今天我们要讨论的话题是"如何才能做一个正直的人?"是呀,做一个正直的人确实不容易。比如有人说假话你却说真话,有人总爱占别人的便宜而你却慷慨解囊帮助他人,这样难免会遭到一些人的白眼,你心里就会很不是滋味。我们都知道"正直是一生之宝",因为"人直有人逢,路直有人走"。也就是说,只要你行得正,走得直,你的身边一定会聚集和你一样品行道德都很端正的人。我们的社会需要正直的人,这样的人多了,社会自然就会和谐。我们多么希望这样的人越来越多啊!

三、不同歇后语主持词连接训练

歇后语是中国民间常用的一种"熟语"。说它是"熟语"那是因为我们经常会在生活中用到这些幽默诙谐、生动形象、俏皮逼真的歇后语。歇后语在我国的东北被称为"俏皮话",也叫"俏皮嗑"。在东北农村又有人把它叫做"哨"。这个"哨"不是吹哨的哨,它在农村是一种约定成俗的,生活中又经常会使用的一种语言。如人们在田间地头劳动休息的时候,两个人就可以你一句我一句地"哨"起来。例如,为了争论一件事甲会对乙说:"这件事不用你管,我看你是'猪鼻子插大葱——愣装洋相(象)'。"而乙则说:我看你呀是'坐飞机放二踢脚——响(想)得到高'。"这里甲和乙不仅使用了谐音式的语言把各自想要表达的意思全都在歇后语中表达出来了,而且更突出地强调了后半句里的几个字。当地群众熟悉,一听就懂、一学就会。这里的"洋相(象)",是滑稽的意思,这样就加大了讽刺韵味和幽默感。这里的"二踢脚"和"二皮脸"不相同,"二踢脚"是北方人对过年时的"双响子"的泛指。把爆竹点燃时,地上响一下,爆竹飞到天上又响一下,北方人称之为"二踢脚"。虽然说这语言不太文雅,可这些歇后语多少年来却一直在沿用着。使用时要注意去其糟粕。

少儿主持人运用不同的歇后语搭配来进行训练,并把歇后语放在主持词中,用更丰富的语言把几个不同含义的歇后语一个一个地连接起来,这里不但有技术、技巧、技艺的训练的过程,也能让学习少

儿主持的人,在学习运用民族语言的同时,不断地丰富自己的语言和词汇,是一个十分难得的训练方法。强化这方面的训练,学习者就必须要大量阅读歇后语,还要知道和了解、理解、掌握中国各种地方歇后语的出处和使用上的差异。在这个前提之下,还要大量地背诵和熟读歇后语,真正做到在主持节目和内容使用上能达到信手拈来的程度。反复训练可以加深记忆,训练的次数越多越好。熟能生巧,巧能生精,记忆也会越记越牢。随着对歇后语的不断学习和大量积累,自身知识面也会得到扩展和增长。加上丰富的主持经验,每重复一次就会有一次更深层意思的理解。因此,学习少儿主持的学生和少年儿童,就必须在不断地增加和扩大知识面的同时,提高自己的文化素质。文化的积累是一个长期积累的过程。文化是学习少儿主持人的人必须要有的基本功。

(一)人生志向当学竹

题目:人生志向当学竹。

关键词链接:人有志,竹有节　人有十不同,花有十样红　喜画竹,怒画兰,不喜不怒画牡丹

观众朋友大家好。这里是《人生志向当学竹》栏目。我是这次节目的主持人叫春欢。说到志向,就会让我们想到"人各有志,志在四方,有志不在年高,无志空话百岁""人有志,竹有节""人有十不同,花有十样红",还有"喜画竹,怒画兰,不喜不怒画牡丹"等有关人生立志的

语言,这些都会成为一个人的学习和奋斗目标。

在这些谈志向的歇后语中我最喜欢的是"人有志,竹有节"。人的志向确实应该像竹子那样一节一节地向上竖立。你看,不论在丽日下,风雨中,还是在冰雪中,竹子从不为环境所迫。它不屈不挠,狂风吹不弯,刮不倒。它的志向就是向上,向上,一直向上。这不仅是竹子的志向,也是后代人们的一种"志在必得"的向上精神。清代的郑板桥,不但有志向,他还画竹来表达自己人生的志向。他写的"咬定青山不放松,任尔东西南北风"和"衙斋卧听萧萧竹,疑是民间疾苦声;些小吾曹州县吏,一枝一叶总关情"的诗句,不正是他人生志向的生动写照吗?

(二)谦虚是一个人的美德

题目:谦虚是一个人的美德

关键词链接:飞机上点灯——高明　火药空心,人要虚心　最谦虚的人是最有出息的人

观众朋友们大家好,这里是《谦虚是一个人的美德》节目时间。我是这档节目的主持人张美惠。

人们常说,谦虚使人进步,骄傲使人落后。话虽如此,可有的时候,有些人还是缺少自谦,总认为自己是"飞机上点灯——'高明'"。其实,我认为,有句歇后语说得非常好:"火要空心,人要虚心"。只有虚下心来,你才会有所进步。因为"最谦虚的人才是最有出息的人"。

好，下面咱们大家可以根据"谦虚是一个人的美德"这个问题来进行讨论，可以各抒己见，发表自己的不同看法。一分钟计时开始！

(三)做一个时代"光盘"行动者

题目：做一个时代"光盘"行动者

关键词链接：一人省一两，万人省一仓　节约是收入，勤俭是幸福　历览前贤国与家，成由勤俭败由奢(李商隐《咏史》诗)

大家好！这里是《做一个光盘行动者》节目。我叫王光盘。

我们都知道中国是一个农业大国，人口是十几亿，居世界第一位。人多就要吃更多的粮食，可粮食从哪来？我认为要从农民那"锄禾日当午，汗滴禾下土，谁知盘中餐，粒粒皆辛苦"的辛勤耕作中来。

且不说旧社会穷人吃不饱穿不暖，就是在自然灾害的那些年，中国人也是拿着粮票到粮店里去买粮，每个人都有定量的粮食标准。

如今改革开放后，中国的粮食产量翻了几番。粮多了人们也不再愁无粮可吃了。可今天，却有人不珍惜粮食，而且其浪费的程度十分惊人。咱们千万不要忘了，中国还是一个发展中国家。爱惜粮食是每个人的责任。我记得有几句歇后语说得特别好。"一人省一两，万人省一仓。""节约是收入，勤俭是幸福。"道理不辨自明，如果我们能记住这些道理，就应该不会浪费一粒米。我们一定要让"光盘"行动一直坚持和继续下去。要知道，一个国家的兴与衰就在于此。诗人李商隐在他的《咏史》诗中曾写道："历览前贤国与家，成由勤俭败由奢。"这两句

诗或许能给我们一些启迪吧。但愿我们今人不要辜负古人的希望。

(四)在学习上如何才能做到持之以恒

题目:在学习上如何才能做到持之以恒

关键词链接:三天打鱼,两天晒网　人不学不灵,钟不敲不响

今天我们这期节目主要讨论一个问题,那就是"在学习上如何才能做到持之以恒"。对这个问题相信大家会有许多话要说。可是爱学习和喜欢读书学习的人,与总爱把学习挂在嘴上的人,二者是大不相同的。他们在学习上所表现出来的是两种不同的态度。爱学习和读书的人付之于行动,而把喜欢学习挂在嘴上的人只是把学习当成一种装饰。伟人毛泽东对学习就提出了与众不同的看法,他认为:"贵有恒何必三更起五更眠,最无益只怕一日热一日寒。"这是伟人告诫自己也是警示后人的一副字画对联。鲁迅对于学习还自创了五种读书学习方法:一是多翻法;二是跳跃法;三是五到法,即人到、口到、眼到、手到、脑到;四是设想法,即在读书时多问自己一个为什么;五是立体法。而我国南宋时期的著名诗人陆游,也是一生勤奋好学,写下了很多脍炙人口的诗篇,这都源于他的学习积累。为此,这位大诗人还写下了诗句"不是爱书即欲死,任从人笑作书颠。"这样的求学精神实在令人敬佩。而对于求知求学,与莎士比亚同一时代的英国唯物主义哲学家弗兰西斯·培根,在他著述的《培根论人生》里就提到:"求知可以作为消遣,可以作装潢,也可以增长才干。"这就回到我在刚开场时提

到的那几个问题了。

总之,对于学习你怎么看?有句歇后语说得好。"人不学不灵,钟不敲不响"。现在就让我们为自己敲响持之以恒的学习警钟吧!因为,从现在开始努力学习,也是为时不晚的。

不要把学习二字只挂在嘴上,要把学习付诸实践和行动。

四、格言和名人名言主持词连接训练

格言和名人名言有什么区别?在《现代汉语词典》中对这两个词有如下的解释。格言是含劝诫和教育意义的成语,一般较为精练。如"满招损,谦受益""虚心使人进步,骄傲使人落后"。而名人名言则是那些多为常人所知的名人所说的意义深远和可以影响一个人一生的著名言论。这些名人名言不仅言论著名,而且大家一般都会知道这句著名的话是哪个名人说的。格言和警句相似,所以,人们常常把格言和警句连在一起合称为"格言警句",因为它含有极为深刻的教育意义。

而名人说出的名言,也可以说是他们在经历了自己的一生或者在人生的某一个阶段之后,回过头来再看人生时的一种人生感悟,或者是对自己的人生总结。

比如,关于怎样读书,高尔基说:"书是人类进步的阶梯。"莎士比亚说:"书籍是人类知识的总统。"惠普尔说:"书籍是站在时间汪洋大海中的灯塔。"而雨果说:"书籍是造就人类灵魂的工具。"以上这些名

人名言,对许多不知该怎样来读书的人,就是一种最好的人生指导。

格言是反映人生的感言、人生箴言。格言有读书格言、生命格言、友谊格言、智慧格言等。还有反映理想、志向、勤奋、励志、向上、友谊、诚信、志趣、爱国、奋斗、人生等的许多名人的格言和名言。关于人的志向诸葛亮就有"志存高远"的名言。雪莱说过:"冬天已经到来,春天还会远吗?"屠格涅夫说过:"先相信你自己,然后别人才会相信你。"萧楚女说过:"人生应该如蜡烛一样,从顶燃到底,一直都是光明的。"这样一些富有人生哲理的格言,对我们每个人都具有深刻的教育意义,都会对一般人起到激励的作用。

学习格言和名人名言对主持少儿节目和做少儿主持人的人都会有极大的帮助,多掌握一些,在主持一个节目或一个栏目时,可以收获到不同的效果。准确恰当地使用格言来主持节目还可以缩短主持人和观众的距离感,并且也会显现出主持人自己的主持风格和特色。

选择使用格言要事先做好功课。要使格言与节目中的内容相符,我们必须要提前做好准备稿件的工作。运用好格言既是一门技术又是一门艺术。用得好,观众就会喜欢;用不好,就会影响节目的质量。在这里,我们将格言和成语,谚语与歇后语都进行了比较和说明,从学习中我们会深刻地感悟到中国的格言给人们的思想、理想、志向、心理和精神熔铸的是一种内涵深邃,启迪思维,让人积极面对人生与生活的巨大的力量。要知道"生活是一面镜子,你对它笑,它就会对你

笑,你对它哭,它也对你哭。"因为"环境不会改变,解决之道在于改变自己。"要想成为一名好的少儿节目主持人,更应该记住这样一句格言:"骏马是跑出来的,强兵是打出来的。"

五、自满是人生路上的敌人

题目:自满是人生路上的敌人

关键词链接:满招损,谦受益　虚心使人进步,骄傲使人落后

观众朋友们,大家好。我是本期《自满是人生路上的敌人》栏目的主持人,我叫李泽红。我常常听到有些同学说,某某班级的同学,因为某次考试成绩排在了前面,于是这位同学就自觉不自觉地把自己摆在了一个很不适当的地位。久而久之,同学们就会和他疏远。慢慢地他自己也有脱离同学的感觉。虽然说在后来他得到了同学们的原谅,但这对他也是一次深刻的教训。

对我刚才讲的这个小故事中,那个因为在考试中取得一点好成绩就骄傲的同学的举动,大家或许都会有着各自不同的看法和理解。

好,下面我们将从大屏幕上读到一些关于防止个人骄傲自满的格言。当我们读完这些格言之后,说说你对这些格言的读后感,并请结合我刚才讲的那个小故事来发表自己的观点。请看大屏幕。好,讨论开始。

六、我们应该怎样看待天才

题目:我们应该怎样看待天才

关键词链接:天才 勤奋

大家好,这次节目由我来主持。我叫吴天才,吴是口天的吴,天是天地的天,才是刚才的才。我的这个名字起得好像有些奇怪,可细想也不怎么奇怪。天才这两个字是人们对那些勤奋好学、聪慧过人的人的一种敬称。可是有的人在某些地方取得了一些成就,别人再一捧他,他就真的以为自己是天才了。

关于什么是天才,我们看看那些中外的名人是怎么说的。郭沫若说:"什么是天才,我想天才就是勤奋的结果。"卡莱尔说:"天才就是创业有勤奋刻苦的能力。"爱迪生说:"所谓天才,那就是假话。勤奋地工作才是实在的。"以上这三位世界名人各自都有非同凡响的事业成就,而他们对天才的认识都是两个字——勤奋。

看来,天才真的也是需要勤奋的。只有勤奋的人,才会和天才结缘。下面大家可以各抒己见,针对"我们应该怎样来看待天才"这个话题来进行讨论。讨论开始。

七、成功的路不怕走得远

题目:成功的路不怕走得远。

关键词链接:人不怕走在夜里,就怕心里没有阳光 没有播种,何来收获;没有困难,何来荣耀;没有挫折,何来辉煌 只要路是对的,就不怕路远

观众朋友们好,我叫魏好好。今天我们要讨论的话题是"成功的

路不怕走得远"。为什么说成功的路不怕走得远呢？以红军两万五千里长征为例。这段长征之路远不远？可以说是非常之远。如果没有长征，也就不会有新中国的成立。长征不仅是播种机，还是"星星之火，可以燎原"的火种。一个人要想在事业上取得成功，就不要怕事业的路途太遥远。成功的事业无捷径可走。记得有位名人说过这样一句话："人不怕走在黑夜里，就怕心里没有阳光"。他还说："没有播种，何来收获；没有困难，何来荣耀；没有挫折，何来辉煌。"关于"成功的路不怕走得远"，还有一位名人说过这样一句话："只要这路是对的，就不怕路远。"虽说这位名人的名字我一时想不起来，可他的这句经典的论述，却令人终生难忘。好，下面开始讨论"成功的路不怕走得远"，现在就等您发言。

八、怎样才能够做一个宽人律己的人

题目：怎样才能够做一个宽人律己的人。

关键词链接：严于律己，宽以待人　横眉冷对千夫指，俯首甘为孺子牛。

大家好！在生活中，有一些人总是拿着镜子照别人的短处，却从来没有拿着镜子好好地照一照自己的不是。别人犯一点小错误他就会抓住不放，可他自己要是做错了点什么事，他却不以为然，总会找各种理由来原谅自己。

我想我们只有"严于律己，宽以待人"，才能看出一个人的心胸有

多么的宽广和远大。在生活中谁人能说自己永远都不会犯点小错误呢？错了改了就行了嘛，为什么非得揪住人家的小错误不放呢？甚至于还带着一种"横眉冷对千夫指"的样子去看待他人。我觉得，这种做法大可不必。相反，这些总拿镜子照别人的人，却要好好地反思一下自己。让自己先做一个宽宏大量"俯首甘为孺子牛"的人。

只有躬下身来，才能立起身来。这是做人的一个基本道理。

第三章 实 践 篇

第一节 "挑战少儿节目主持人"大赛实战精选

一、勤能补拙

尊敬的领导、亲爱的老师、亲爱的同学们：

大家好！

今天，全校召开"勤能补拙"演讲竞赛，这是我们人生十分难得的一件大事。

我们都知道，勤奋的人是最聪明的人，勤奋的人是可以使自己得到发展的人。勤奋可以出天才，勤奋还能医治懒惰和懦夫。那么，谁是最勤奋的人呢？司马迁、屈原、李白、杜甫、王羲之，还有马克思、恩格斯、毛泽东。

邓小平当年去法国勤工俭学，郭沫若去日本留学，鲁迅先生笔耕

不辍,雷锋用钉子般的精神去读书和学习,他们靠的就是勤奋。

我认为,不论是古人还是今人,不论是伟人还是诗人,也不论是书法家还是普通人,他们人生的宗旨、志向、理想和奋斗目标,全都凭着四个金光闪闪的大字来支撑自己的追求,那就是"勤能补拙"。

有人说自己笨,难道笨可以是理由么? 天底下没有笨人,只有懒惰的人、不爱吃苦的人,才找各种理由不读书、不学习。要知道,不勤奋、不爱学习、不能吃苦、不爱读书的人,就不会有什么发明和创造。因为人若是懒惰,其思想也必然会懒惰。

同学们,让我们用勤能补拙的精神,去勤奋地学习、锻炼和思考吧! 勤补拙的精神应当成为我们心中永远飘扬的一面旗帜。

下面,我宣布:新希望小学校"勤能补拙"演讲竞赛现在开始!

二、不以成败论英雄

嗨,观众朋友们,大家好!

我叫XXX,今年十岁了。

我怀着十分激动的心情来参加中国首届"挑战少儿节目主持人"大赛活动。

我知道,在中国首届"挑战少儿节目主持人"大赛中,会涌现许许多多的优秀的少儿主持人。在机遇和挑战同在的比赛中,我会用一种充满自信和快乐,与时俱进的态度来对待比赛,胜不骄,败不馁。这也是我从小就树立起的人生信条。

其实，我也知道在每一个人的一生中时时刻刻都存在着挑战。这种挑战有的是来自于自己对自己的挑战，有的是来自于你对学习上的挑战，有的是来自于你对生活的挑战，有的是你对社会的挑战，有的是来自于你对班级的挑战，有的是你对希望和失望的挑战。总之，挑战会实现一个人一生的梦想、挑战会让你在某一个阶段接受一次洗礼，或者在挑战中实现自己的目标和愿望。

为了挑战少儿节目主持人，我在心里早已做好了充分的准备。因为这种心理的准备做得越充分越好。只有这样，自己才能在这次参赛中学到很多知识，长很多见识，结交许多的同学和朋友。

我的参赛口号是"不以成败论英雄，不以偏见看他人"。

我要把这次参赛当成一次学习，当成一次知识的补充，当成检验自己文化素质究竟有多高的一面亮镜。我是否能拿到大奖，获得金牌、银牌、铜牌，这些都不重要。有幸参加这次大赛，敢于来这里挑战，这就足以让我感到自豪和高兴了。

最后，我要对在场的评委和观众朋友们说一句话：让我的挑战少儿节目主持人给您带来一份快乐和惊喜吧！

三、让小鸟在蓝天里自由飞翔

观众朋友们，大家好！

这里是《保护生态爱鸟园地》节目。

我是这期节目的主持人韩阳。我主持的这期节目的主题是"让小

鸟在蓝天里自由飞翔"。

世界上和人类最亲近的就是小鸟,它们不仅是人类的朋友,还为我们的生活增添了无穷的乐趣。我们都知道,除了人类用嗓子发出来的声音外,鸟儿们的美妙歌唱,要比世界上所有的声音更动人、更好听,让人心旷神怡。

清晨,当我们漫步公园、江畔、河堤时,我们会对蓝天中飞过的小鸟一有种特殊的情感,对新一天的生活也充满了美好的向往。在鸟儿们的鸣叫声中,我们的心也仿佛跟随着鸟儿一同飞了起来。飞呀飞呀,飞过了美丽的城市花园,飞过了用绿色环保建筑材料雕塑的城市爱鸟雕像,飞进了我们学知识、学文化的校园,也飞进了我们宽敞明亮的现代化教室。

可是,人类由于太偏爱自己,为了自己的一时需要砍伐了森林,还不断地向江河倾泻污水、向天空排放废气。失去了森林,小鸟也就没有了居住的环境和栖身领地。于是,许多小鸟哀鸣着,呼号着,甚至于向人类乞求着说:"请给我一个可以安身的地方吧,让我也有一个舒适的绿色巢穴吧!让酸雨和烟雾尽快消失吧!"

为了小鸟的生存,让我们都来爱护和珍惜自己生存的环境吧!

四、我最喜欢的一本课外好书

观众朋友们,大家好!

我是《我最喜欢的一本课外好书》栏目的主持人,大家都管我叫

开心果。

中央电视台在举办了"中国汉字听写大会"之后，紧接着又马不停蹄地在科教频道举办了"我最喜欢的一本课外好书"演讲活动。从2012年到2014年连续举办了三届这样的活动，受到了全国广大青少年的欢迎，各地也相继举办了类似的读书活动。

对此，我有一个个人的想法，不知大家是怎样思考这样一个问题：本来我们小学生在学校读书和学习的时间就很多，为什么又号召大家自己在课外读一些好书呢？

我想，一个好读书、爱读书，喜欢和书交朋友的人，一定不会虚度自己的年华。读书不仅可以增长知识、开阔眼界，还能够让人变得更加聪慧。"书中自有黄金屋，书中自有颜如玉"这句千古流传的至理名言，一定会使爱读书、好读书的人受用一辈子的。

虽然说数字化和网络化以及电脑给我们的学习带来了许多方便。可是，有时它也会给我们带来一些错误的信息。要知道，一本好书、一本名著，不仅是著书人用心血换来的，而且还有许多不为人知的故事，编辑们也为此付出了许多的心血。所以，读书和读网络上的书，是截然不同的两回事。不知我的这个观点大家是否认同。我在这只是抛砖引玉，希望大家都来发表自己的想法。请踊跃发言，谢谢！

五、美丽的石公山

亲爱的朋友们：

这里是美丽的石公山。

苏州给我们留下了难忘的印象。今天,当我们站在西洞庭边的石公山上时,有身在仙山妙境之感。你看,在我们的背后是蜿蜒葱翠的丛林,前面是无垠的太湖。青山绕湖水,湖水托青山。山石"伸"进了湖面,湖面"咬"进了山石。头上有山,脚下有水,真是称得上天外有天,山外有山;岛中有岛,湖中有湖。更像似"山如青龙伏水,水似碧海浮动"。此刻,我想用一首小诗来形容下眼前的美景:"茫茫三千顷,日夜浴青葱;骨立风云外,孤撑涛声中。"

愿我这段"画外音"能给您带来更多的愉快。

六、西园里的"疯僧"

朋友们,大家好,这里是美丽的苏州西园。

提起西园,不能不说说这里的"五百罗汉堂";说到"五百罗汉堂"里的罗汉,就不能不说到那尊"疯僧"雕像。

这尊"疯僧"雕像,别看外表不起眼,可他却有个雅号,叫"十不全"和尚。"十不全"就是说他有十种毛病:一是歪嘴,二是驼背,三是斗鸡眼,四是招风耳,五是癞痢头,六是翘脚,七是抓手,八是斜肩胛,九是鸡胸,十是歪鼻子。

别看他长相不怎样,他可是残而不丑。我们从正面、左面和右面看,他的脸分别能给别人欢喜、滑稽、忧愁三种不同的感觉。

可以说,这五百尊罗汉的面容是各不相同的。这里边,一定有一

165

尊脸型非常像您。

怎么，您不相信？您倒是可以耐心地找一找。如果找到和您一样脸型的罗汉，您可别忘了告诉我一声。说不定，今后您会交上好运的。

七、说蓑衣

亲爱的观众朋友，大家好！

一提到蓑衣，大家自然会想到头上戴着斗笠，身上穿着蓑衣，在山区劳动的农民。那么，现场的观众，有谁知道劳动人民在农田干活时穿的蓑衣，是怎样做出来的吗？

其实，蓑衣还有个别名叫"棕衣"。它是生活在南方的劳动人民用长在山上的棕树皮制作而成。穿上自制的蓑衣，既可抵御大自然的风雨，又可以保证在农田干活不误工时。

制作蓑衣分三步：第一步叫抓棕，第二步叫捻线，第三步叫作搓绳。

做蓑衣的人先把一张张平整的棕叶放在带齿子的铁梳子上撕成棕丝，然后把棕丝用手纺成棕线，再把两股棕线搓成一股粗绳，最后用这些绳线把剪裁的棕皮用针缝制成形，蓑衣就制成了。

蓑衣不仅可以成为劳动人民的生活用品，还可以成为供人们欣赏的艺术品。随着人们生活水平的提高，穿蓑衣的人已经很少了。可是，劳动人民用自己的智慧制成的蓑衣，以及留在蓑衣上的工艺技术和最初的创作思想，却给我们当代人留下了许多的启迪！

八、说斗笠

观众朋友们,大家好!

每当天气发生变化时,人们都会根据天气穿衣戴帽。比如刮风时人们就会穿上风衣,下雨时人们就打起雨伞。其实在人们还没有发明怎样来制作雨伞之前,生活在南方的山区人民就会利用大自然中的竹子来制成斗笠戴在头上。这样做一是可以遮雨,二来也不会耽误干农活,真是一举两得呀!劳动人民的聪明智慧不但改善了自己的生活条件,而且还在当地形成了一种习俗。这里所说的习俗叫作"九里不通风,十里不同俗"。当然,这种习俗是与自然环境分不开的。

说到斗笠,在我国的云南还流传着一句谣谚,叫作"云南十八怪,斗笠可以当锅盖"。这是一句多么鲜明生动而又富有生活哲理的谚语啊!竹子不但可以制成斗笠,还可以制成竹箩、竹筐、竹筒、竹椅、竹床、竹桌、竹篓、竹板。可见,竹子不但能够秀美成林、保护自然、美化生活,成为山区人民生活中的一道自然的景观,还能为江南水乡百姓和山区人民带来一种生活上的乐趣。

听说,现在的斗笠如果要是拿到集市上去卖,一顶斗笠也只能卖到两块钱左右。但是,这种物美价廉又能遮日蔽雨的竹斗笠却给生活在那里的人们带来了无穷的乐趣。

说到这,我忽然想起了扬州八怪之一的郑板桥在画过竹子的书画旁边题过的那首小诗:"衙斋卧听萧萧竹,疑是民间疾苦声;些小吾

曹州县吏，一枝一叶总关情。"

今天，当我们头戴斗笠，置身在骄阳似火的夏日下或是淅淅沥沥的雨中时，这首关心民间疾苦的小诗似乎还依然在我们的耳畔沙沙作响，因为农民的生活和疾苦，是需要人们来关注的。

九、团团墨墨天地宽

嗨！观众朋友们，大家好！

我时常听到有人问，怎样才能学好书法呢？学过书法的同学都会有各自不同的体会。今天，我想就这个问题说说自己学书法的一点感受。

有人说，学书法要比学绘画难，我很同意这个说法。这是为什么呢？书法不像其他艺术可以靠故事、色彩、表情来打动人、感染人。书法凭着笔墨和宣纸来表现写字人的心境，好的书法是一种高雅的艺术。但是，要想到达这种境界，非得下苦功学习和不断地刻苦练习不可。

初学书法，首先要把字写得匀称和端正。待熟练之后，还要追求书法独有的魅力、风韵和气势。在习字的基础上，要不断地读帖。通过读帖，我们不仅可以弄清文字和书法的源流、朝代和时间，同时还能了解到历代书法家的书法风格。比如，我们在读帖时就可以知道欧阳询的欧体书法与颜真卿的颜体书法在书写风格上的不同，同时还可以了解到柳公权和赵孟頫这两位书法家的书法艺术特色。我们要是

想把自己的书法练到那种引人入胜的地步，就要学习古人苦练书法的精神。

最后，让我用一首小诗来作为我"挑战少儿节目主持人"大赛的参赛结束语："黑团团，墨团团，团团墨墨天地宽。楷隶行草有章法，挥洒自如神在先。古人精神当汲取，中华书园百花鲜。"

十、寸尺方圆藏精华

嗨，观众朋友们，大家好！

不知道在座的各位观众朋友是否喜欢收藏？收藏能给人带来无穷的乐趣，收藏还能使人们对古文物的鉴赏水平有所提高。有的人喜欢收藏各种各样的钱币，有的人喜欢收藏古今中外的钟表，有的人喜欢收藏世界各国的邮票，还有的人喜欢收藏十分精美的风景图片。我见到的一位少年朋友，他喜欢的是收藏版本不同、形式各样、材料各异、价值很高的扇子。

他收藏的扇子有许多品种。有大扇子、小扇子、中型扇子，还有檀香扇、鸡翎扇、纸扇、折扇、圆扇、方扇、长扇、扁扇、黑扇、白扇、绢扇、荷叶扇……各种扇子真是琳琅满目。

他在收藏扇子的同时，也收藏了由扇子形成的一种历史和文化。让人们在认识扇子的同时，了解到了融绘画与书法于一体的扇子文化。你看，齐白石、郑板桥、张大千、黄胄、傅抱石、王雪涛等人的绘画和书法作品都可以在我的这位朋友收藏的扇子中见到。这些精品力

作,不但在观赏时给我们带来一种美感,还使我们广大少年儿童从中得到了一种文化和艺术的熏陶。

观众朋友们,收藏名人字画、名人书法和名人画扇,在深入地了解他们的作品同时,我们才会真正地领略到收藏文化的内涵和真谛:体味人生的百态,品尝生活的五味。

不过在这里我要提醒那些喜欢收藏的少年朋友,不管你收藏什么东西,都不要避其杂、丢其纯。因为杂是基础,纯是境界。以制酒为例,"五粮液"所以得名,就是因为它把多种粮食的精髓集中起来,最后才酿制成了回味绵长、香飘不散的"五粮液"。

收藏扇子也是如此。因为只有这样我们才会在精美绝伦的扇子收藏品中见到"寸尺方圆藏精华"的人生最高境界。

十一、读书与演讲

观众朋友们,大家好!

这里是《读书与演讲》节目。我叫雪松,是这期栏目的主持人。

有人会问,读书就读书,为什么还要演讲呢?其实,每一个人读的书都是有限的,世界上有那么多的好书,你不可能一下子就把它们全部都读完。所以,这里所说的"演讲"就是分享,也可以说是一次高级的精神盛宴。我们每个人把自己读书的心得、体会、收获和感想在大家面前进行分享,这是多么惬意的一件事呀!

那么,我们怎么样来演讲呢?我认为,第一,要打破以往那种一个

人站在台上把自己事先写好的演讲稿拿来当着大家的面背诵的形式。这种形式不可取。第二，我建议大家针对我们共同读过的一本书，比如说海明威的《老人与海》或者罗贯中的《三国演义》来进行一个话题的演讲。同时，我们每个人还可以在某个人演讲的中间来插话演讲，说出自己的思想、观点、看法等。这样我们分享起来才会有一种愉悦感、幸福感。但千万不要带着演讲的腔调来给大家分享。要用平时说话的语言来演讲，这样更便于大家沟通、交流和分享。

好，我的建议已经说出来了。希望在场的每一位读者都遵循这样的原则来进行演讲。不知哪位同学可以第一个举手发言？好，请下面这位同学先同大家分享他的读书体会，掌声欢迎！

十二、说说民间舞蹈和民间绘画

观众朋友们，你们好！

这里是金娃娃电视台。下面将要举行的是全国少儿民族民间舞蹈大赛和民间绘画大赛的两场比赛。很高兴我能成为这两场比赛的主持人。

我想，这两场比赛的参赛选手们的心情一定是既紧张而又兴奋，我们的小观众们也一定在期待着金娃娃电视台能有这样一次重大的艺术赛事。

在本场比赛之前，我想以个人对中国民间舞蹈和民间绘画艺术的理解，向在座的各位观众朋友对这两种艺术进行一个简单的说明

和介绍。好，下面我们说说究竟什么是民间舞蹈与民间绘画。

民间舞蹈和民间绘画都产生于民间。先说民间绘画，它不仅有构图简洁、色彩明快、装饰性很强等特点，从画中流露出来的盎然情趣，既可展示某一时代、某一历史、某一地域的文化品格和人的内在精神，又可展现那里的风土人情和时代的特色。

民间绘画以点、线和明、暗色调为对比度和鲜明的艺术特色为创作手段。通过笔和水墨在纸上的渲染，达到一种意境。有的形神兼备，有的气韵生动。尤其是逢年过节，中国的老百姓必定会买几张称心如意的民间绘画贴在家中，营造节日气氛。民间绘画既是一种视觉艺术，又是一种空间艺术和造型艺术。

接下来咱们再谈中国的民间舞蹈。民间舞蹈以动作、舞姿和身体的各个部位作为创作材料，通过各种表演、造型刻画人物的形象，表现人的内心世界和丰富的思想感情。它也是一种视觉艺术、空间艺术和造型艺术。它和民间绘画一样可以供人欣赏，并给人带来美感。

中国的民间绘画和民间舞蹈，都是靠着运用线条、色彩、明暗来表现自己的艺术风格的。这是两种艺术的相同之处。二者的不同之处就在于民间绘画是静止的、不动的，而民间舞蹈不但是运动的，它还靠着一个又一个连贯的动作形成一幅又一幅不同的形象逼真的画面。所以，不论是观赏民间绘画，还是观看民间舞蹈，我们都会有一种深刻的感受，即这两种艺术都来自于民间的，它汲取乡土营养，并以

此来反映生活。

十三、恪守诚信

尊敬的领导,亲爱的老师、同学们:

今天,全校召开"诚实守信动员大会",这是社会的呼唤,也是我们大家的希望。

讲究诚信,要像今天我们看到的阳光一样。每个同学都应该是一个有诚信、守诚实、很阳光的人。

在生活里讲诚信,你会得到大家的尊重;在学习上讲诚信,你会始终保持真实的学习成绩;在为人上讲诚信,你会是一个永远都让人们信赖的人。

同学们,让我们一生与诚信为伍,一生做诚信的守护人吧!

苏宁小学校"诚实守信动员大会"现在开始。

接下来,请我们的老校长做《诚信是一个人一生的美德》报告。掌声欢迎!

十四、古诗词朗诵晚会主持词

甲:尊敬的领导,

乙:亲爱的观众朋友。

合:大家晚上好!

甲:白雪染大地,

乙:冰凌塑奇观;

甲：美文赏经典，

乙：诵读佳句与名篇。

甲：走近中华古诗词的海洋，

乙：感受经典诗文的正能量。

甲：古诗词的文化魅力，犹如夏日的繁星那样迷人，

乙：精美绝伦的古诗词，在中华民族五千年的历史长河中更加壮丽辉煌。

甲：每一次诵读经典，就好像与诗人进行了一次亲切的对话。

乙：每一次诵读经典，都让我们感受到从中国古诗词中散发出来的奇异的清香。

甲：中国的古诗词的语言好似文化强国的金鼓，

乙：聆赏古诗词的声音可以振奋人的精神。

甲：诵读经典可以让我们通晓历史，

乙：诵读经典可以使我们气贯长虹。

合：古诗词朗诵晚会现在开始。

十五、如何做好一个好学生

每当有人提起谁是一个好学生时，许多同学都会不约而同地向这位好学生投去羡慕的目光，目光里折射出来的是希望、期待、渴望、憧憬。

是呀，有哪个少年不希望自己有一个美好的少年时光和飞扬的

梦想。(有哪一个少年不渴望自己有一个五彩缤纷的花季少年时代，有哪一个少年对自己的少年时代没有一种最美妙的憧憬呢？正是这些美好的理想和心愿，让我们了解到了一位翩翩少年)。他(她)就是我们节目采访中的一位好同学、好少年。好了，那么，下面就让我们一起来认识一下这位好同学。

主持人：您好，这位同学。

被访者：您好，主持人。

主持人：我们每一个少年儿童在学校读书的时候，都想让别人夸自己两句。有人说你是一个很爱学习的孩子，还是一个爱上进的孩子，也是一个好学生。当你听到别人这么夸你的时候你心里高兴吗？

被访者：很高兴。

主持人：为什么？

被访者：因为每一个在校读书的学生都想做一个有理想、有道德、有文化、有纪律的"四有新人"。

主持人：你认为当一个好学生除了你在上面谈到的四点以外，还应该具备一些什么东西？

被访者：我觉得诚实很重要。

主持人：为什么说诚实很重要？

被访者：因为诚实是一个人的品质的最好保证。只有诚实的人才会有最美丽的心灵。我们有的同学就不够诚实。

主持人:都表现在哪些方面?

被访者:有的同学只顾自己的学习好,从不关心别的同学。你要问他这道比较难做的数学题怎么个做法。他明明会做,可由于他本人具有私心,他就说自己不会做。

主持人:难道生活里真有像你说的那种不肯讲真话的同学吗?

被访者:我想应该会有吧。我们都是活生生的人,是人就有复杂的心理活动。还有的同学期末考试没考好,当你一问他的考试成绩时,由于他爱面子,他就用一句话搪塞你。我今年考得没有去年好。你看,这个同学的心理该有多么复杂呀!

主持人:其实,你说的道理我都明白。那就是一个人不管做什么、干什么,他只有坦诚、真挚、直率,并且肯于把真实的东西告诉关心他、爱护他、支持他的人,只有这样他才会成为一个真正的好学生。看来,我们要想做一个好学生还真得把诚实放在首位。好了,谢谢您对我采访的支持,今天就"如何做一个好学生"的现场考试参赛选手提问的话题就到此结束。如果您和电视机前的观众有什么好点子、好思路、好办法,我们将非常欢迎您能来参与我这个节目。

谢谢,下次节目再见!

十六、《我心中的理想》栏目主持

观众朋友们,你们好!

这里是江城电视台,下面将要开始的是《我心中的理想》节目。我

是这期节目的主持人。

每个人都有自己心中的理想。但是,你心中的理想离现实生活中的你究竟还有多大的距离? 是近,是远,是大,还是小? 这个理想最终是否能实现? 这取决于你的追求和奋斗,更在于你的不懈努力和辛勤的劳动。

因为,你心中的理想绝不是理想中的一个空壳,也不是随便说一说就会实现的,更不要把理想理解成空想、梦想、幻想。理想不是你想象中的"海市蜃楼",它是实实在在、掺不得半点虚假的东西。为了实现自己心中的理想,每一个人都会付出许多代价,甚至不惜流血牺牲直至最后献出最美丽的青春和最宝贵的生命。

好了,下面我将要请出江城电视台《我心中的理想》参赛选手。

下面请一号参赛选手上场。(掌声)

(1 号选手上场,同时伴有简短的音乐)

主持人:一号选手是由红蜻蜓电视台选送参赛的。(一号选手向现场观众略微欠身点头)一号选手的名字叫张大洋,他今年 10 岁了。一号选手张大洋喜欢唱歌、画画、跳绳。此外,他自己心中还有一个最美的理想,他心中的理想究竟是什么呢? 现在暂时保密。

下面,请我们的二号参赛选手上场。(掌声)

(2 号选手上场,同时伴有简短的音乐)

主持人:二号选手是由金娃娃电视台推荐并选送参赛的。(二号

选手向现场观众略微欠身点头)二号选手的名字叫张小钢,他今年也是10岁,不过可是周岁。二号选手张小刚除了在学校读书之外,他平时的业余爱好就是爬山、漂流、看电视。除此之外,他在自己心中还有一个理想。那么,他的理想究竟是什么呢? 我们也同样保密。

下面,请我们的三号参赛选手上场,

(3号选手上场,同时伴有简短的音乐)

主持人:三号参赛选手是由大森林电视台推荐和选送参赛的。(三号选手向现场观众略微欠身点头)三号选手的名字叫李群,他到今天为止刚好满10虚岁。三号选手喜欢写日记,喜欢养金鱼,同时他还特别愿意集邮。除此之外,他心中也有一个理想。那么,他的理想到底是什么呢? 我们同样像其他两位选手一样现在暂时保密。

下面, 我们将要请出最后一名参赛选手, 也就是第四名选手上场。

(4号选手上场,同时伴有简短的音乐)

主持人:四号参赛选手是由冰凌花电视台推荐并选送参赛的。(四号选手向现场观众略微欠身点头) 四号选手的名字叫古经天,他今年同样也是10岁。四号选手和其他三位选手爱好有所不同,他一喜欢下围棋,二喜欢听京剧,三还愿意看《神雕侠侣》一类的电视连续剧。除此之外,他心中也有一个理想。那么,他心中的理想究竟是什么?请观众稍稍静候2分钟, 等参赛选手抽签的第一轮结果出来之

后,我们就会知道了。

好,下面我们将要分别请这四位选手当场用"石头剪子布"这样的游戏来评选出第一至第四个先后不同的出场参赛选手出场的顺序,也就是类似体育比赛前的"抽签"。

请四位选手站成一圈,听我口令:预备——开始!

以此种方式先后排名并产生参赛的先后顺序。

十七、主持人现场提问参赛选手

主持人:好! 经过前两番的激烈挑战,现在场上只剩下两名参赛选手了。那么,下一个环节将要进行的是现场提问。哪位观众想好了,可以单刀直入地向场上的这两位参赛选手进行提问。

观众甲:每个人都有自己的主持风格,请问这位男选手,您认为您是否有自己的主持风格? 这种风格与其他参赛选手有哪些不同?

男选手:(向前迈出一步)其实,我来参加这次"挑战少儿节目主持人"大赛是想在这里试一试自己的能力究竟如何。嗯……对于您刚才向我提到的主持人风格我还没敢想。这是因为,我认为做一名少年儿童在自己的人生中,曾经有幸能到中国最著名、最有影响力、最有收视力的电视台来参加一次"挑战少儿节目主持人"大赛,这就足够了。

观众乙:"挑战少儿节目主持人"大赛的舞台,对每位参赛选手都是一种自我挑战。这种挑战也可以说是一种心理的拼搏、精神的拼

搏、文化的拼搏。您认为这三点哪一个在参赛中对您更有利？哪一个使您仍然留在现场？哪一个对您今后的参赛更重要？请这位女参赛选手来回答。

女选手：我认为，参加"挑战少儿节目主持人"大赛以上三点都很重要。对我更有利的是我能在这次比赛中发挥了超常水平，我还能留在现在的原因嘛……我想可能是在场的观众给予我的一种精神上的支持。今后参赛最重要的是文化。你的文化知识掌握得越多，发挥起来才会更好！文化确实很重要。

主持人：以上现场的观众对我们留在现场的两位男女选手都进行了提问。看来，观众在给予每位选手评判的同时，也毫不客气地提出了一些让人始料不及的问题。好，那么下一个环节就请观众向你们二位进行再次提问。

观众丙：根据你刚才主持的情况和您的得分情况，好像有些观众对你还不太喜欢。请问这位男选手，今后，你还打算继续当主持人吗？

男选手：是的。要想当好一名新世纪的电视主持人你的节目就得创新。记得我读过杜甫的诗中有这样一句话："语不惊人死不休"。借助这句话，我想要是说的就是，如果我真的不能当上一名国家级电视台的节目主持人，起码也要争取当上一名省级电视台的节目主持人。不当国家级，当省级；两级都不行，我在家里主持。（笑声）

观众丁：目前看来，你以多方面优势压倒了对手。可是，假如观众

要行使自己手中的权力,不为你按键,你的支持率将不会有场上的这位男选手优秀,你将如何看待观众、看待这次比赛呢?

女选手:每一位主持人都期望着能够得到观众的支持和鼓励。观众是最好的评判家、鉴赏家。中国流行一句时髦话叫:"金杯银杯,不如观众的口碑;金奖银奖,不如观众的夸奖。"最后我想用这样一段话来表达我的心情,那就是:"久有凌云志,志在当主持,今天评不上,来年也不迟。"

主持人:好! 请现场观众为我们的这位参赛选手开始按键。

主持人:根据现场观众按键得分情况,我非常遗憾地告诉这位男选手,你今天终究没拿上这个大奖,而你的这位对手却获得了价值很高的 VCD 音响一套。

主持人:实话实说,你今天一上来参赛,就在心里打算好了要拿这个大奖和这套奖品是吗?(对女选手提问)

女选手:也可以这样说吧!

主持人:好! 再次祝贺你能在金蜻蜓电视台举办的"挑战少儿节目主持人"的首场比赛中一举获得冠军(和女选手握手)。观众朋友,这里是你展示才华的好地方,这里是你追求当一名主持人的竞赛场。欢迎更多的选手来参加挑战。下周同一时间再见!

十八、参赛主持选手模拟表演

男、女主持人(简称"男""女")在掌声和音乐中出场。

男、女:(合)观众朋友,大家好!

男:自新千年我们举办"挑战少儿节目主持人"大赛以来,来自全国各地的许多参赛者都在这档节目中频频亮相。

女:无论是在赛前、赛中、赛后,大家在取得较好成绩的同时,在这个舞台上也锻炼了自己的语言和口才能力。

男:今天,我们请来了四位同学参赛。好,首先,让我们看第一位出场的同学,他的名字叫李海。今年九岁了,平时喜欢读《格林童话》,喜欢打球,喜欢游泳,性格也非常好。下面让我们以热烈的掌声,欢迎他出场。有请!

(男女主持人带领观众鼓掌)

(第一个出场的参赛者为甲)

甲:嗨,观众朋友,大家好!(敬礼)

我叫李海,今年九岁了。人们常说:"日有所思,夜有所梦。"而我的梦想就是当一名主持人。我知道,要想当好一名主持人并不是一件很容易的事。要想当好一名主持人首先要过三关:语言关、表情关、胆量关。在这里,我想对观众朋友说的一句话就是:无论我将来能不能当上一名节目主持人,只要我为此奋斗过,我就心满意足了。谢谢大家!(敬礼)

男:第一位参赛的同学已经向大家做了自我介绍。下面请大家用掌声给他进行分数的积累。(掌声)好!欢迎第二位参赛选手出场。有

请!

（男、女主持人带领观众鼓掌）

（第二个出场的参赛者为乙）

乙：嗨，观众朋友，大家好!（敬礼）我叫王勃，今年10岁了。今天，我要给大家讲一个故事。那是一个很热很热的夏天，小明的爸爸妈妈带着他上公园去玩。当他们快要走到公园门口的时候，突然，看见有一个人大声喊着："快抓坏人哪!"说完，他就倒在血泊里。在场的人一看可都吓坏了。那现在请问：我们是应该先去抓坏人，还是先护送这位倒在血泊中的人急救？好，谢谢大家。

男：第二位选手在这里不但以主持人的方式给我们讲了一个故事，还给我们提出了一个问题。那就是我们遇到这种情况的时候，你是先抓坏人还是先救倒在血泊中的那个人。下面也让我们用掌声为他进行分数的积累。（掌声）好! 分数很可观。

女：下面，我们将要请出的是第三位选手。好，首先请看他的相关背景资料。请看大屏幕。第三位出场的同学叫李默，他今年九岁了。他是一个既好动，又好静的人。有时候动起来会把整个屋子弄得乱七八糟，就像一个乱得不能再乱的地摊。可是当他平静下来的时候，又能把屋子收拾得干干净净，整整齐齐。下面，就让我们用掌声给他进行分数的积累。（掌声）。好! 分数很可观。

女：下面，我们将要请出第四位参赛选手。和他相关的背景资料

请看大屏幕。他叫丁丁,今年八岁了。他是一位非常热爱生活和爱劳动的同学。听说他还很擅长文艺。不知道他今天会怎样主持自己的节目。好,让我们拭目以待,有请!

(男女主持人带领观众鼓掌)

(第四个出场的参赛者为丁丁)

丁:嗨,观众朋友,大家好!(敬礼)

(从兜里拿出快板边打边表演)"打竹板,走上台。我爱生活爱劳动,更爱文艺和舞台。展示才艺当主持,高高兴兴唱起来。这是我人生之最爱。如果大家喜欢我,赶快投票别发呆。"

男:第四位参赛选手是用唱快板的形式来进行节目主持的。不知道在场的评委和观众对他采用这种方法来主持节目是否认同。下面同样请在座的各位观众用掌声为我们的四号选手进行分数的积累。(掌声)好!分数也非常可观。

女:接下来我们进入第二个环节:现场自救。

请各位听好题。如果想好了,可按键抢答。

(一)请猜下列谜语

1."红帐子,绿帐子,里边坐两个白胖子。"请说出谜底。

2."弟兄七八个,围着柱子坐,大家一分手,衣服就扯破。"也请说出谜底。

男:请听第二题。请说出四个带"一"的成语。我先举个例子。

一干二净、一马当先、一字之师、一日千里。

选手抢答:一心一意、一叶知秋、一字千金、一模一样。

男:好。请给这位选手加分。

女:第三题。请参赛选手自选一首古诗背诵。

选手抢答:

1.一望二三里,烟村四五家。门前六七树,八九十枝花。

2.两个黄鹂鸣翠柳,一行白鹭上青天。窗含西岭千秋雪,门泊东吴万里船。

3.春眠不觉晓,处处闻啼鸟。夜来风雨声,花落知多少。

4.鹅、鹅、鹅,曲项向天歌,白毛浮绿水,红掌拨清波。

(读练可自选)

女:四位选手都答对了,请加分。

男:最后一道题,请每位选手用最快的速度表演一段绕口令。

选手甲乙丙丁分别抢答:

1.板凳宽,扁担长,扁担没有板凳宽,板凳没有扁担长。扁担绑在板凳上,板凳不让扁担绑在板凳上,扁担偏要绑在板凳上。(双唇音)

2.鼓玻璃,瘪玻璃,不鼓不瘪的玻璃。(唇音)

3.高高山上一条藤,藤条头上挂铜铃,风吹藤动铜铃动,风定藤停铜铃停。(鼻音)

4.哥挎瓜筐过宽沟,赶快过沟看怪狗,光看怪狗瓜筐扣,瓜滚筐空

哥怪狗。(舌根音)

(可自选绕口令)

男:好！请给每位参赛选手加分。下一个环节是——

男、女:(合)名人点击。

十九、挑战少儿体育主持人和解说员的主持词训练

(节目主持人微笑着走进演播场地)

主持人:各位观众朋友,大家好!

这里是发现和推荐体育主持人和解说员的挑战现场。在场的观众不仅有红方队、黄方队,还有白方队和蓝方队。同时,我们也请来了体育界的知名裁判、专门从事体育赛事评论的评述员,以及专家学者。好！下面现场招聘比赛马上开始。(音乐)请一号参赛选手上场。

(一号参赛选手跑上)

主持人:请一号选手向在场的观众和评委做自我介绍。

一号选手:观众朋友,各位评委,大家好！我叫李诗粮,今年八岁了。我是一个非常喜欢体育运动的人,而且也特别希望自己能够早日成为一名体育主持人和解说员。

主持人:好,一号选手,先请坐。我们大家已经听到了你刚才的自我介绍。下面我想先后请出三位喜欢体育的同学,让他们一一从你面前走过。然后,你要根据现在情况,对他们进行即兴主持和解说。准备好了吗？

一号选手:准备好了。

主持人:好,现在开始。请第一位喜欢体育的同学出场。这位同学出场时,可以任意做出某种姿势或动作。

(第一位喜欢体育的观众从侧幕走出来,然后站在一旁)

主持人:好。请一号参赛选手马上开始解说。

一号选手:各位观众,各位听众。刚才从我们前面走过去的是一位中国少年长跑运动员。他有着宽宽的额头,一双炯炯有神的双眼,再加上刚刚修理的二寸短头。走在运动场上的他,看上去更有一种精神和力量。我想,这样的运动员即使在跑道上也不会没有速度、没有爆发力。我们祝愿他能在这次比赛中取得更好的成绩,为祖国争光。

主持人：一号选手对第一位出场的体育爱好者进行了解说和点评,下面,请现场的评委和专家对我们的一号选手进行点评。

主持人:好,下面请第二位喜欢体育的朋友出场。

(第二位喜欢体育的同学上场)

主持人:请一号选手对第二位喜欢体育的同学进行现场报道。

一号选手:观众朋友、听众朋友。可以看得出来,方才从我们面前走过的这位运动员是一位篮球健将。他四肢发达、胸肌健阔、腿脚有力、动作敏捷、身体高大,浓眉大眼中凝藏着一种自信。不难看出,他也是一名很有毅力并敢于迎接困难、挑战困难的运动员。希望他能在本次大赛中取得好成绩,打出几个漂亮的好球,投几个精彩十分的篮。

主持人：下面请评委和专家对一号选手进行点评。

主持人：好，经过现场的评委和专家对一号参赛选手的点评之后。让我们再来看看第三位喜欢体育的朋友出场后，一号选手是怎样作现场报道的。

（第三位体育爱好者从一号选手眼前走过）

主持人：请一号选手对他进行即兴报道。

一号选手：第三位出场的体育爱好者，矮矮的个头，但身体结实有力。他虽不如第一位出场的长跑运动员那样吸引看台上观众的注意力，也不像第二位出场的篮球运动员那样身高魁梧，但是我们从这位足球运动员发达的腿部肌肉和晒得黝黑发亮、黑里透红的肤色中可以看出，这位足球运动员平时训练的艰苦，以及他那种想要踢出国门、冲出亚洲、走向世界的雄心壮志。

主持人：好！我们的这位一号选手对每位运动项目和运动员的解说都很到位，他现场的语言发挥也比较到位。他不仅能让观众和听众了解到体育的种类、项目，而且还能恰如其分地把每一位运动员的基本特征解说出来。那么，一号选手即兴主持和解说究竟能否获得今天在座的所有评委、专家，以及现场观众的支持？好！请各位拿起手里的投键，为一号选手打分。

二十、八月十五月光明（片段训练之一）

主持人手拿话筒站在"挑战少儿电视节目主持人"大赛的挑战现

场,对场上的两名参赛选手(一男一女)说明他们面对的现场考验。

主持人:(对1号、3号参赛选手)场上的两位参赛选手请听好。

国家电视台原定在中秋节这一天搞一次《八月十五月光明》的晚会演出。按原计划,在演出进行中,场上的主持人应该有一段以月亮为主题的主持词:"皓月当空,月如银盘。"可是非常遗憾,中秋节这一天月亮没出来,天空还很暗。于是我们要求参赛选手立即即兴改换主持词,说出一段没有月亮的中秋晚会主持词,要比有月亮的主持词还要好、还要有意义,但又必须把"月亮"和"中秋节"说给观众。下面请今天参赛的选手根据我说的内容马上进行晚会现场主持。请1号先开始! 再请3号开始!

主持人:下面两位要在晚会的演出现场面对观众进行100秒的即兴主持。请听好,必须和"月圆""家人团圆""海峡两岸盼团圆"的话题扣在一起。按照事先抽签决定的顺序, 正好轮到3号选手 (指男选手),下面就请你来进行100秒的主持。计时开始。

男选手:"海上生明月,天涯共此时。"这句千古流传的诗句代表着中国人中秋佳节盼团圆的一种文化传统, 也是中华民族盼家圆和月圆的同一种文化心理认同。是呀,每当远在外地的儿女们从繁忙的工作中抽出身来回到千里或万里之遥的故乡,当明月升上天空,全家人坐在一起,边赏月边吃水果和月饼、喝着清香的香茶时,此时这种家人的团聚,该是多么让人感到温馨而又珍贵呀! 可是,今晚在我们

的演出现场，虽然没能看到挂在天上那轮圆圆的、大大的、明明亮亮的月亮。我想，此时此刻，坐在这里的观众和全体参加晚会演出的人们，在自己心里的天空都挂有一颗同天上一样圆得不能再圆和大得不能再大的月亮。自然界的月亮是由自然的力量来决定八月十五日这一天的月亮能不能出来，能不能挂在夜空中。可是，每个挂在中华民族和挂在大陆、香港、澳门、台湾人民心中的月亮却总是在人们心中常圆常亮。这才是我们永久的期盼。圆月中有我们的神话、有我们的故事、有我们的诗歌、有我们的散文、有我们的歌曲，也有古老的中国戏曲对月亮的赞颂。不管今晚的月亮出不出来，只要我们心中的月亮挂在自己的心空，那么，八月十五依然是月光明。好，请欣赏下一个节目《美丽的月亮从我心中升起来》。

主持人：好！刚才场上的3号选手在《八月十五月光明》的这段本该有月亮，而偏偏月亮没出来时进行了现场的即兴主持。对于他的这段"现场自救"或者说叫做临时发挥的主持词，究竟能不能博得现场的新闻系学生、广播系学生以及专家评委的认可呢？好，请观众现场来进行打分。

【教学目的与训练提示】

1.语言要亲切、自然流畅。

2.要能把所有在场观众的情绪调动起来。

3.台词要倒背如流。

二十一、男女主持人辩论赛

辩题:男孩主持娱乐节目好,还是女孩主持娱乐节目好

主持人:我这里刚刚接到一个辩论的题目。这个题目叫作"是男孩主持娱乐节目好,还是女孩主持娱乐节目好?"你们两个各选一题。

男选手:我选男孩主持娱乐节目好。

女选手:我选女孩主持娱乐节目好。

主持人:请注意,辩论时要紧扣辩题,不得跑题。谁跑题,谁就算输。准备好了吗? 预备——开始!

男选手:我认为,男孩主持娱乐节目好!

女选手:我认为,女孩主持娱乐节目最有特色。

男选手:男孩主持娱乐节目,有气氛、有人气、有现场的活跃感。

女选手:女孩主持娱乐节目,更有吸引力、更有现场艺术感染力。

男选手:男孩子主持娱乐节目会有更多的创造。

女选手:女孩子主持娱乐节目有更多创新。

男选手:男孩子比女孩子聪明。

女选手:女孩子比男孩子有智慧。

主持人:要跑题。

男选手:男孩子有魄力。

女选手:女孩子有"闯"的精神。

男选手:男孩子身体比女孩子健壮。

女选手：女孩子的身体婀娜多姿。

主持人：停！停！你二位现在已经辩论得跑题了。其实，我们做这样的训练，不仅可以训练快速反应、思维敏捷的能力，还可以训练逻辑思维在双方辩论中一直保持着一种清晰的状态。好，今天我们这场男女选手的辩论到此结束。观众朋友，下次咱们再见。

【教学目的与训练提示】

这是一段说着说着就无意识跑题的辩论。通过训练，你可以知道什么叫跑题。

二十二、AB 主持选手辩论赛

辩题：男生当班长好还是女生当班长好

主持人：两位参赛选手，这里有一道辩论题是"男生当班长好还是女生当班长好"。你们两个各选一个辩题，然后展开辩论。

A 选手：我选男生当班长好进行辩论。

B 选手：我选女生当班长好进行辩论。

主持人：二位请注意，辩论时一定要把握住辩论的主题，千万别跑题。预备——开始！

A 选手：在一个班级里，能有一位男生当班长，这是再好不过的事了。因为男生当班长，可以让全班同学更有一种信任感。

B 选手：我倒不这么看。我认为，一个班级里，如果能由一位学习成绩优秀的女生来当班长，这对于一个班级将是一件最好的事情。因

为,女生当班长,工作会比男生更周密、更细致。

A选手:我说男生当班长好,是因为男同学工作起来有魄力。

B选手:我说女生当班长好,那是因为女班长比男班长更有亲和力。

A选手:男生当班长,可以使全班更活跃。

B选手:女生当班长,可以让全班更团结。

A选手:男生当班长,会提高全班同学的自信力。

B选手:女生当班长,可让全班同学步调一致,事事争第一。

A选手:男班长不怕脏、不怕苦、不怕累,可以为班级付出一切。

B选手:女班长总是用自己的实际行动做表率,脏活干在前,苦活抢在先,累活领着干,从不说大话、说假话、空话连篇。

A选手:男班长就是比女班长强。男班长不仅以小小男子汉的气魄,走在全班学习的前头,而且比女生反应快、灵敏、有智慧、体力强、素质好。

B选手:要说体力强,我看女孩子最强。王军霞在世界田径比赛中,正是以她那超人和惊人的体力、毅力、速度,夺得了世界冠军。女足的全军获胜,对男足来说就更是一种力量的挑战。所以,我说女生当班长更比男生当班长更好,更有说服力!

主持人:停停停。两位辩论到这,已经给了我们许多思考。不过,我以为,至于男生当班长好还是女生当班长好,需要全面地看一个人的整体素质和领导水平。不管怎么样,班长在几十号人的班级里,也

是一个小官，但这个官不拿国家一分钱。班长主要是服务班级和同学，没有半点回报。好，希望你们在下一个环节里表现得更精彩。

好！下面有请第二组选手上场。

二十三、微型辩论会训练

辩论题目：勤奋与刻苦和天资哪个对学习更重要

出场人物：主持人一名(男女均可)，甲方辩论队员甲、乙、丙、丁，乙方辩论队员A，B，C，D。

主持人：(上场)亲爱的同学们、家长们、观众朋友们，你们好！

我们少儿中心为了提高广大学生的口才和语言能力，特此举办了本期辩论会。这次辩论会的题目是"论刻苦和勤奋与学习哪个更重要"。希望在座的同学们、家长们、观众们积极参加我们的活动，并给予积极的支持。谢谢！

下面，请参加本次辩论会的甲乙双方队员入场。

(甲、乙双方队员入场)

主持人：我向大家介绍一下，这一方是甲方辩论队员，鼓掌欢迎！这一方是乙方辩论队员，鼓掌欢迎！请甲乙双方队员向到场的同学、家长、观众自我介绍。

(甲方由甲开始介绍)

甲：我叫XXX，今年X岁，在XXX学校读书，是X年级的学生。

乙：(同上，介绍自己)

丙:(同上,介绍自己)

丁:(同上,介绍自己)

主持人:甲方队员介绍了自己的情况,下面请乙方辩论队员进行自我介绍。

(乙方A开始介绍)

A:我叫XXX,今年X岁了,在XXX学校读书,是X年级学生。

B:(同上,介绍自己)

C:(同上,介绍自己)

D:(同上,介绍自己)

主持人:下面,我开始宣布几条辩论原则。

第一,甲乙双方队员在辩论时要紧紧围绕辩论的中心对自己的观点进行论述。

第二,双方在辩论时要以理据争,不得用语言伤害对手。

第三,甲方以刻苦和勤奋来对自己学习的体会进行论述,乙方论述天资对学习的重要性。好,辩论现在开始。

甲(甲):各位同学、家长,各位观众,你们好!很高兴今天我能成为甲方的第一发言人。首先,我认为,一个人在他的一生中只有保持刻苦和勤奋,才能扎扎实实地把所学的知识掌握到手。俗话说:"刀不磨要生锈,人不学要落后。"鲁迅先生说:"世界上本无路。"路是人走出来的,而在本来没有路的时候,人们就是经过一次一次的勤奋学

步,才使自己慢慢地成熟,渐渐地走出了一条适合自己走的路。所以,我认为只有勤奋读书、刻苦学习才能天天向上,才能达到人生学习理想的彼岸。

乙(A):各位同学、各位家长、各位观众,我是乙方的第一发言人。我认为,一个人的学习靠勤奋、靠刻苦固然很重要,但请不要忘记,一个智商较差、智能很低的人,尽管再刻苦、再勤奋地学习,也永远赶不上一个天资聪慧的人的学习成绩。可以说,一个其笨如牛的人,只靠机械式的、笨鸟式的学习,只怕永远也达不到他想要的理想学习效果。即使有可能达到,他也要付出双倍或更多倍的时间。天资是不可忽视的。

甲(乙):我认为,乙方的第一代言人在论法上有欠妥之处,刻苦和勤奋是一对孪生姐妹,二者缺一不可。天资固然重要,而光靠天资无勤奋,没有刻苦学习的精神,天资就是一堆枯草。

乙(B):对于甲方提出的刻苦二字,我则有自己的不同体会。我认为在我们的身边,在现实生活中就有死读书本、死啃死学的书呆子。他们不能充分开发自己的智力,而是人云亦云地傻学,其结果也只能是鹦鹉学舌,成为一个学习上的跟屁虫。请看,有多少没上过学堂、没进过学校门的大文学家、大科学家。他们不都是凭着自己的天资造出人间奇迹的吗?

甲(丙):对于刚才这位同学的看法,我有不同的观点。我觉得聪

明的天资和超人的才智是很重要的,这不是一件坏事。可我想在这里提醒这位同学,没有勤奋、没有刻苦的学习态度,你不可能发挥自己的才智。请问这位同学,假如马克思光凭自己的聪明才智,光靠超人的天资,而不是常年待在英国伦敦大不列颠图书馆里读书,去搜集资料,那么,他又怎么能写出《资本论》这部传世的著作呢?

乙(C):不错,回答得十分精彩。马克思不仅在知识的海洋里写出了《资本论》这本传世之作,如果是没有才智、缺少天资的人,就是给他再多的资料,再多的参考书籍,也只能是一堆废纸。请问,苏联的大文学家高尔基又在哪一所大学里读过书,在哪一所大学听过课?他的课堂是在当海员的轮船上,当工人的面包房里,在各种各样的社会实践中。所以,我认为像高尔基这样的大文学家之所以能写出《童年》《在人间》《我的大学》这三部曲来,正是靠着他的聪明才智和不同常人的天资。

甲(丁):我反对乙方同学对勤奋和刻苦的让人费解的观点。没有勤奋就没有了学习的保证,缺少"闻鸡起舞"的学习精神,就更不可能摘下学习王国的桂冠。谁能说爱因斯坦不是因为勤奋而变得更加聪明?谁又能说这位伟大的科学家不是一个勤奋学习、刻苦钻研的人?还有那位同学提出的鲁迅先生,我也有自己的观点。伟大的思想家、文学家、文化领袖鲁迅,在学习上,是把别人用来喝咖啡、闲聊天、逛大街、溜公园的时间拿来读书和学习的。倘若鲁迅先生光凭天才不去

读书,那么,他还会在深层的思考中,写出匕首和机枪般的杂文来歌颂光明、讽刺黑暗势力吗?

乙(D):我非常欣赏甲方的这位队员能用名人的事例来说明他的观点。可这位同学恰恰忽略了一个重要的问题。那就是,以上这两位,其天资怕是一般人所难以比拟的。不然,为什么世界几百年才出一个爱因斯坦,中国几千年才出一个具有硬骨头精神的文化领袖——鲁迅先生?他们的天资别说在场的无人可比,就是在当代的一些有成就的科学家、文学家中也很难有人能与他们相提并论。不承认天资首先就不是一个唯物主义者,而只有承认天资给学习带来的巨大动力,才符合唯物主义的辩证法。

甲(甲):对于天资和勤奋与刻苦学习哪个最重要,我还想说一点自己的看法。我国的陈景润,如果不是用多年的汗水和心血去刻苦地研究,他决不会摘取世界数学的这项哥德巴赫猜想的皇冠。

乙(A):不错,陈景润确实是一个了不起的人物。可请您不要忘记,光有刻苦精神而无聪明才智的人,是永远也攀登不上数学的顶峰的。我这里说的天资是一种特指,如果我们承认了天资,也就承认了人类的聪明的存在。

甲(乙):我反对只提天资,而轻视勤奋与刻苦。陈景润对一道难解的数学题,都要演算百遍、千遍。在他每一道题的演算上,在他小屋的一麻袋又一麻袋的数学题里都装满了这位数学家和日月星辰同

出、同在的光辉,装满了他那勤奋之情和刻苦之力,装满了中华民族对勤奋、刻苦的体会和尊重。

乙(B):假如我们把常人和超常人进行对比,这将显得十分可笑。常人就是常人,而我们说的具有特殊天资的人,就是与一般人的思维、大脑有着明显的不同的人。其实这个道理十分简单,有天资的人每一个人都各不相同,而有特殊天资的人,在学习上就是出类拔萃,就是超群、超人。

甲(丙):现在看来,乙方已经变得理屈辞穷了。一个人不能光靠天资活着,很难想象,一些光有天资而四体不勤、五谷不分的人,只凭着天资坐在田间地头,不干活不劳动,地里就可以长出庄稼来。如果光靠天资生活,而不是以勤奋和刻苦去奋斗,世界一定会停止了发展,历史的车轮也将会在天资论中停止不前。

乙(C):我认为不承认天资不是一种老实的态度、科学的态度。李白没有天资能写出"日照香炉生紫烟"这样的千古佳句吗?音乐家施特劳斯如果没有天资,他能写出千古不朽的圆舞曲吗?画家齐白石如果没有天资,又怎能画出常人画不出的水墨丹青游虾画呢?这些具体的实例,足以说明对方对天资的一种误解。

甲(乙):我还想在这里提醒对方辩友注意,我们说的勤奋与刻苦,是指它对学习的重要性、对学习者的帮助。请对方不要把讨论的题目引向让人难以理解的方向上去。我们坚信勤奋出真知,刻苦出人

才。勤奋出科学家，勤奋也出艺术家。而在勤奋的基础上我们还要刻苦、刻苦、再刻苦。"苦尽才有甜来"，这句流传几千年的俗语，我想同学们不会不知道吧。所以，我们认为，一个人要想成为祖国的有用人才，就只有勤奋加刻苦地去学习。21世纪还是需要勤奋与刻苦的人才的，"日出江花红胜火"的人才靠的就是刻苦和勤奋。

乙(D)：由于时间的关系，我想再次申明我方的观点。我方说的天资是指那些一般人无法可比的人所具有的天资。为什么有的人唱歌总跑调？为什么有的人声音素质特别好？为什么有的人接受新的东西快？为什么有的人学某种技能一遍就会，而有的人学上几遍、甚至几十遍也学不会？你能说这些人不勤奋、不刻苦吗？然而，正是由于这些人天资不够聪颖，因此，他(她)在学习上永远要落后于他人。因为，天资是一个人生下来就具有的，不是靠什么勤奋和刻苦的论调就可以辩出来的。不承认这点我们的辩论也将无法继续下去。

主持人：停。以上甲乙双方队员进行了两次辩论。至于双方的观点是否能让我们接受，这个问题将留给在场的观众。好，关于"勤奋与刻苦和天资哪个对学习最重要"的辩论会，今天就开到这里。谢谢大家对我们的支持。现在休会。

二十四、主持人现场提问参赛选手

(主持人走上舞台，面对观众说话)

主持人：亲爱的观众朋友，大家好！

这里是全国少年儿童主持人团体赛比赛现场。经过激烈的竞争，选手们都取得了好成绩。下面两位将要出场的选手，一位是南方代表队派出的选手，他的名字是XXX。让我们用掌声欢迎他的到来！

南方选手：各位观众朋友大家好！主持人XXX好！我叫XXX，是来自南方代表队的选手，希望大家能喜欢我、支持我。

（南方选手站在主持人右侧）

主持人：另一位将要出场的选手是北方代表队派出的选手，他的名字是XXX，让我们以同样热烈的掌声欢迎他的到来。

北方选手：各位观众朋友大家好！主持人XXX您好！我叫XXX，是来自北方代表队的选手。希望大家支持我、鼓励我。

（北方选手站在主持人左侧）

主持人：好。现在这个环节是由你们各自来做一段自选语言类节目主持，时间是一分钟。谁先来？

南方选手：我先来。

主持人：你先来？好，下面计时开始！

南方选手：说起语言来，这可真是一个值得我们少年儿童关注的问题。在生活中我们使用的语言多种多样。据我所知，就有古代汉语、现代汉语、文言文、白话文，还有成语、谚语、歇后语、土语、俚语、谜语等。作为一个中国少年，我深深地为我祖国的语言文化感到骄傲和自豪。这些语言文化滋润了我们每一个少年儿童。我真的感谢我的祖国。

主持人：好，时间到。

下面请北方代表队XXX进行一分钟的语言类节目主持。准备好了吗？

北方选手：准备好了。

主持人：好，计时开始。

北方选手：说实话，我今天能够站在这里，一要感谢我的老师，二要感谢我的爸妈，三要感谢在场的同学们。没有你们的支持，我不会自信地站在这里，也别谈什么主持人了。通过两个学期的学习，我自己有一个深刻的体会，那就是，不管我们刚来时，爱说话还是不爱说话，会说话还是语言表达能力差，我们各自都有了不小的进步。总之，在这个课堂上，让我真实地感受到了自己在学校里所学不到的语言知识和文化。

主持人：好，时间到。

下面，请现场的同学用自己的掌声为这两位参赛的少儿主持人进行评分。掌声时间长的，获冠军；掌声时间短的，为亚军。首先为南方选手鼓掌，好。请再为北方选手鼓掌。根据掌声时间的长短，下面我宣布，获得比赛冠军的是XXX同学。获得比赛亚军的是XXX同学。

比赛到此结束。下期节目再见！

第二节　指定主题限时演讲

一、东部之行

题目：东部之行　　　时间：30 秒

关键词链接：过去　现在　未来

中国幅员辽阔，民族众多，民风淳朴，风光秀丽。从华东地区的上海、江苏、浙江、安徽、福建、湖南，到西北地区东部的陕西、宁夏、甘肃还有广西南宁省沿海黄金海岸城市，从过去的城市建设到现在的发展，都发生了天翻地覆的变化。这些城市不仅带动了中国改革开放和经济的繁荣与发展，在未来的长远建设和发展中也会成为中国的骄傲，让世界仰慕中国。这是一个不争的事实，愿这些镶嵌在中国版图上的一颗颗珍珠更加璀璨夺目。

二、西部之行

题目：西部之行　　　时间：30 秒

关键词链接：荒滩　戈壁　沙漠

中国不仅在经济建设中取得了前所未有的成绩，在环境建设中也取得了非同凡响的成就。如新疆不仅是个好地方，而且也盛产葡萄、西瓜、哈密瓜等世界闻名的水果。可是，新疆也是一个多荒滩、多戈壁，沙漠化很难治理的地方。这里我们以乌恰县阿古地区为例。过

去民间也曾流传着"一年一场风,从春刮到冬,氧气吃不饱,风吹石头跑"这样的顺口溜。可是为了改变这种恶劣的环境,担任林管站站长的林文宏硬是带领这里的40多名员工,把这里的环境进行了一个彻底的改造,在这里不仅种上了成片的林木果树,还为荒滩戈壁增添了绿色。

三、南方之行

题目:南方之行　　时间:30秒

关键词链接:大海　沙滩　白帆

中国有四大海,即东海、黄海、渤海、南海,四海相连,环布在亚洲大陆的东南部。中国的海洋宽广博大,水产资源十分的丰富,在美丽的海岸线上还有许多的金色沙滩。沙滩可以成为人们亲水的乐园,也是人们休闲度假和锻炼身体的好地方。当我们前往海滨城市旅游时,自然要去看大海、看沙滩、看行驶在海上的白帆,观赏大自然鬼斧神工为人类造化出来的美景。通过观赏大自然,我们可以忘掉一切人间的烦恼。呼吸着大自然中新鲜的空气,你会觉得自己又年轻了许多。离开喧嚣繁闹的都市,自然会被这里的景象所吸引。你就会乐不思蜀,忘记你是个外乡人了。

四、北国之行

题目:北国之行　　时间:30秒

关键词链接:冰雪　寒冷　美丽

在南方生活的孩子只会感受到夏的美丽，可你知道吗？冬的美丽，会让你更加惊奇。那么我就带你走进中国的冰雪之都——黑龙江的雪乡。当你走进雪乡之时，仿佛置身于美丽的童话世界。雪乡像一颗璀璨的明珠，镶嵌在张广财岭的东坡。这里每年十月就会瑞雪纷飞，冬季积雪的厚度可达到两米深，百余户居民的屋顶上都会被厚厚的积雪覆盖着。在寒冷的冬季，雪乡更以观赏奇观闻名遐迩。远远望去，有的景观犹如奔马，有的景观像卧兔，还有的景观像神龟和巨蟒。在这美丽的景象中，更为惹人注目的是一个大红灯笼，在洁白似玉的白雪的映衬下，会让游人产生自己仿佛是在天上人间的一种遐想。

五、北京印象

题目：北京印象　　　时间：30秒

关键词链接：天安门　民族英雄纪念碑　骄傲

凡去过北京的人，无一人不到天安门前为自己留下一个十分值得珍藏的影像。这是因为天安门不仅是中国古代最壮丽的城楼之一，而且还是全中国人民和世界人民敬仰的地方，也是当年毛泽东主席向世界宣告中华人民共和国成立的庄严神圣的地方。与天安门遥遥相望的是人民英雄纪念碑，汉白玉浮雕分别以虎门销烟、金田起义、武昌起义、五四运动、南昌起义、抗日游击战争、胜利渡长江为主题，形象生动地概括了中国人民100多年以来，在中国共产党的领导下，进行反帝反封建的伟大革命斗争的史实。人民英雄纪念碑的建立是

中国人的骄傲,也是世界爱好和平的人民的骄傲。这就是我的北京的第一印象。

六、上海印象

题目:上海印象　　时间:30秒

关键词链接:黄浦江　浦东新区　开放

上海不但是一座唯美的城市,同时它也是一个国际闻名的大都市。老上海就像是一件穿在少女身上的花色旗袍。在这件旗袍上你可以感受到那段历史留下的印记和沧桑。城市里闪烁的七彩霓虹灯,灯红酒绿的外国洋人的骄横和飞扬跋扈都难以让人们从心中忘掉这段历史。建国以后的新上海,让人们看到了她经过重新梳洗打扮后的美丽新容。改革开放后的新上海更是发生了天翻地覆的变化。黄浦江不再惆怅、黄浦江两岸人民对上海这个现代化的国际大都市无不充满了圆梦之想。以浦东新区和东方明珠电视塔为代表的地标性的建筑群,让世界各国人民对中国的对外开放有了一个崭新的认识。这就是我对上海的印象。

七、青岛印象

题目:青岛印象　　时间:30秒

关键词链接:海滨城　建设　速度

青岛,是一座美丽的海滨城市,也是人们心目中的旅游天堂。青岛给我的印象是她在城市建设格局上是传统对现代的一种有机对

接。当年康有为对青岛有一句很有影响力的评语,他称青岛是"红瓦、绿树、碧海、蓝天"。就是因为这样一句评语,把青岛这个美丽的海滨城市推到了世界人民的眼前。今天,青岛又以飞快发展的建设速度成为了中国副省级城市,也成为了国内和国际友人观光和旅游的胜地。从崂山到栈桥,从八大关到青岛海底世界,从五四广场到青岛魔方梦幻王国,给每一位游人留下了一生都忘不掉的印象。

八、哈尔滨印象

题目:哈尔滨印象　　时间:30秒

关键词链接:音乐城　东方小巴黎　索菲亚教堂

哈尔滨是世界公认的一座音乐名城,因其所具有的欧式建筑风格,她又被世人誉为"东方小巴黎"。哈尔滨四季分明。太阳岛、东北虎林园、圣索菲亚教堂、斯大林公园、松峰山、玉泉狩猎场和亚布力滑雪场等闻名遐迩。尤其是圣索非亚教堂,它是中国目前保存最完美的拜占庭式建筑。这座诞生近百年的建筑不仅宏伟壮观,而且古朴典雅,同时也溢着一种迷人的色彩。怎么样,哈尔滨这座城市是不是值得您来观光?

九、泰山观日出

题目:泰山观日出　　时间:30秒

关键词链接:日出　云海　宇宙

泰山乃五岳之首。凡去泰山之人,必看日出。日出是泰山自然景

观之一,能看到泰山日出绝非易事,只有碰到一个非常幸运的日子和好时间点,你才会一饱眼福。泰山日出的景观美是无法言表的。而看云海更得需要有好的运气,碰不上对的天气,就看不到那蔚为壮观,犹如万顷波涛汹涌翻滚的云海景象。当万道霞光和云海交织在一起的时候,就会让人感受到宇宙的变幻是多么的无穷并富有神奇的魅力。同时,也会理解历代帝王为何不辞辛苦到泰山去祭祀和参拜天帝了。

十、长城印象

题目:长城印象　　时间:30秒

关键词链接:秦始皇　外国人　中国人

毛泽东有一句著名的诗句,写得非常好,"不到长城非好汉"。它东起山海关、西到嘉峪关,全长约 6 300 公里。可与埃及的金字塔、罗马的斗兽场、意大利的比萨斜塔媲美。长城是中华民族古老文化的丰碑和智慧结晶。外国人称长城为一座伟大的城墙。中国人把长城看作中华民族血脉相承和民族精神的象征。长城不仅创造了人类历史上的奇迹,也为中华民族书写出了一部经典的建筑艺术史。

第四章 演 讲 篇

第一节　演讲与口才理论

一、什么是演讲

演讲是某个演讲(也叫演说)人(少年儿童)在会场、广场、校园集体的操场,一个人面对群众(许多同学)进行的演说或讲演。演讲也是演讲人就某个问题在大众面前讲明事理、发表个人观点、传达自己心声、表达感情的一种方式。演讲还是演讲人面对数量较多的观众或者听众,公开发表个人的思想、观点、对某个问题的独到看法或个人见解的一种有声信息的公众传播和宣讲社会文明与进步的有益活动。

演讲不是舞台上和银幕上的表演。演讲是演讲人使用精确的语言和生动的态势语言来宣传、鼓动、感染演讲场地的观(听)众的演说。运用不同的语言、声调、语势、语气演讲词和鲜明的节奏以及高超的演讲技巧,再加上肢体语言和态势语言相结合的艺术手段,就可以

达到不同的演讲目的,并可产生不同的反应和效果。而我们这里所说的演讲,是以少年儿童为主的演讲。

二、演讲与口才

当人类进入到 21 世纪,口才是决定每个人事业能否成功、生活能否幸福、工作中优劣成败的一个非常非常重要的因素。有的人虽然具备了一定的工作和学习能力, 知识面也比较宽, 学习成绩也很骄人,但由于他们不注重对口才的学习和运用,不善于当众演说,不善于演讲,他就无法让更多的人了解自己做出的业绩(在现实生活中这样的人为数不少)。有的人虽然有了某种较好的工作和职业,可是由于他没有好的口才,不善于言表,很难被领导委以重任,发展也比较缓慢。只有既有非常好的学习成绩,又有好口才,还能在各种不同场合进行演讲(说),当众表达自己的思想和观念的人,才能在成功和希望的路上走得更快。很难想象一个不善于用口才来改变自己,说话又总是吞吞吐吐,木讷结舌,词汇贫乏的人能够让他人授之以重任。

一个人不会说话,不等于这个人就一定很老实;而善于运用口才演说的人,就未必就不是品学兼优的好学生。中国有句俗话:"好人出在嘴上,好马出在腿上。"这句话不但在古代社会有一定的实用价值,就是在当今的社会里,也有它的社会价值取向。口才和演讲是一对孪生姐妹,两者缺一不可。口才与演讲是既有技术,又有艺术蕴含在其中的一门学问。同一件事,用不同的口才技巧去演讲,产生的效果就

会截然不同。诸葛亮"舌战群儒"的故事,至今还在中国的大地上广泛流传。从周恩来和蒋介石在重庆时的谈判,到毛泽东主席在开国大典和各种政治局会议上的演讲,都让我们领略了伟人的演讲艺术和演说的风采。

因此,少年儿童在学习演讲之前,就很有必要先学习一下语音、语气、语势,以及口才等诸多与演讲中有关并使其获得成功的要素。在学习语音、语气、语势之前,我们还必须先懂得发声和吐字,其目的就是为了演讲打好基础。

三、什么是四声

第一声叫"平声",第二声叫"上声",第三声叫"去声",第四声叫"入声"。四声之中除"平声"(第一声)外,其余的"上"(第二声)"去"(第三声)"入"(第四声)三声又称为"仄声",所以古代文人墨客,无论是写诗还是写词,都非常注意"平"和"仄"的字音与字词的使用,所以在文学和作诗等上就形成了平和仄两种系别。

声调的练习:

1.衣、乌、迂

(1)衣音练习

①衣(第一声)　②移(第二声)　③以(第三声)　④意(第四声)

分别为阴平声、阳平声、上声、去声。

练习发"衣"(i)音时,将嘴角微微向上提,然后将舌面抬起,用牙

轻轻抵住下牙背,抬软腭,关鼻腔,发"衣"(i)音。连念20次。

(2)乌音练习

①乌(第一声) ②无(第二声) ③武(第三声) ④误(第四声)

分别为阳平声、阳平声、去声、去声。

练习发"乌"(u)音时,用双唇向前撮,舌头向后缩,提软腭,鼻腔通道全封闭住,气息从撅起的双唇孔向往流出,发"乌"(u)音。连念20次。

(3)迂音练习

①迂(第一声) ②鱼(第二声) ③雨(第三声) ④玉(第四声)

分别为阴平声、阳平声、上声、去声。

练于"迂"(ü)音时,要将双唇撮成一个扁圆孔,舌尖抵下牙背,舌面向上拱。软腭往上提,气流从扁圆孔处向外流,发"迂"(ü)音。连念20次。

当我们分别去朗诵或念出以上三组不同的字音 "衣""乌""迂"时,就会发现这三组四字的字音,每个字都像音乐中的"1 2 3 4 5 6 7 i"的音符一样,会发出不同的高低音调来。(练习"衣""乌""迂",体会声调。)

为了将演讲前的准备工作做得更充分,为了给演讲打好基础,我们必须要把这四种声调(音调)牢牢记在心里,不然就会闹出许多笑话来。

下面要将前人留下的七字句歌诀录辑给同学们进行训练。

平声平调莫低昂,上声高呼猛烈强。

去声分明哀远道,入声短促急收藏。

四、演讲的三种方式

1.照稿宣读式的演讲

这种照稿念文字的方式和形式,常常是在一种气氛庄严、群众场面很大、演讲者的观点经过多次推敲的场合下,在平中求稳的过程中念稿。虽说念不错或念不漏嘴。但这些个演讲多以行政大会传达文件为主,缺少生动、活泼的表情,更难演讲出风采来。这是一种只出声音的书面语言和演讲。听起来很难调动听众的情绪,艺术感染力分数也不会高。

2.背诵式的演讲

即演讲者不用拿稿子,在台下已把自己演讲稿背得烂熟于心。凭借反复的记忆,像背诵书本和课文一样一字一句,甚至于连标点符号都不落地演讲出来。一旦忘记了,就会当场出现尴尬的局面,并难以继续演讲下去。

3.当众即兴式演讲

这是一种个人文化修养较高、阅历较广、经历很多、具有一定的知识结构和层面、经验比较丰富、演讲(说)技巧娴熟、思维十分敏捷并具有一定演讲水平和素质的人才能驾驭得了的一种当众演讲

(说)。这对于从未演讲过或初登演讲舞台的人来说是极为困难的。这也算是一种临场发挥、游刃有余的演讲。这是一种灵活多变,善于自圆其说,有论点、论据、论证,能领着听众的思维跟着演讲者本人走的演讲方式,是让人们都可以接受的演讲。

当然,以上的三种演讲方式,都各有自己的优势与不足。

五、演讲的类型

1.雄浑型的演讲

2.绚丽型的演讲

3.形象型的演讲

4.竞争型的演讲

5.抒情型的演讲

6.朗读型的演讲

7.故事型的演讲

8.校园型的演讲

9.风趣幽默型的演讲

10.灵活型的演讲

还有更多类型的演讲,在此不一一列举。

六、演讲人必须具备的各种要素

不论是手持稿件照稿宣读式的演讲、背诵式一字不漏的背稿演讲,还是当众即兴式的演讲,演讲人演讲时都必须要具备以下的 5 个

要素。

1.演讲的主题要突出、观点要鲜明

不管我们怎样演讲,演讲的主题必须贴近时代,与个人的学习、工作、生活、兴趣、爱好紧密连在一起。任何演讲都需确立和设定一个主题。当主题确定之后,在演讲中必须阐明演讲者的思想、立场、态度、观点。在演讲的过程中要把赞成什么、反对什么明确地说出来。

2.演讲的内容要丰富

在主题确立后,要大量地阅读有关的报刊、杂志、书籍、文献、典故、历史资料等,并对其内容进行归纳整理。这对于那些演讲时语言枯燥、贫乏、单调,不善积累知识和丰富自己演讲内容的人来讲,有百益而无一弊。

3.鲜活的时代语言

语言鲜活、有时代特点是一篇演讲稿成功的一半。因此在演讲时首先要选择那些鲜明、生动、准确的语言来进行演讲,同时还要通过训练有素的语音、语调、语气、语势来感染听众。

4.准确恰当的演讲肢体语言动作和表情

演讲时,用的词句再好,语言再丰富,没有一定的手势、姿态、面部表情的配合使用,演讲者就不会获得较好的听众反响。就像一个基本功很不错的演员,虽然演唱得有板有眼。但没有优美的舞姿、动作、面部表情,也不会获得较大的成功。"讲"时伴有"演"的成分在内,而

这个"演"又不能破坏"讲"的效果。应该在内容协调一致的同时,恰当地把它表现出来。当然,我们的演讲既不是戏剧舞台上的演员的表演,也不是其他艺术的表演。演讲时的表情,是真实质朴、自然流露出来的真实生活表情,而绝非演员演戏时的表情。

5.真挚强烈的感情

无情不动人,无情不感人。就算一个演讲者的演讲内容丰富、言词优美、口才流畅,念、背稿子的功夫都很到家,假如演讲者本人的感情不投入,自己都不受感动,那么,这种缺少真挚情感的演讲也不会在听众心中留下深刻的印象。

以上五种演讲要素是演讲者必备的、不可缺少的东西,否则,就会事倍功半,很难获得成功。

七、演讲的口诀与呼吸练习

每个初登演讲舞台的人都会因为自己是初次登台演讲而十分紧张,心里蹦蹦跳跳,心几乎都要从嗓子眼里跳出来。有的人甚至手心能攥出冷汗来。还有的演讲人根本不知道自己的两只眼睛朝哪个地方看才好,两只手也不知放在哪里最合适。为了克服这种一见人多就紧张的心理,我们要掌握呼吸(气)的技巧。为了加强这方面的锻炼,特编写如下歌诀,请同学们进行照录练习。

两脚分开平行站,身体挺直向前看。

双肩下垂不端肩,吸气呼气要自然。

牢记"吸气一大片",控制"呼气一条线"。

气流使用应均匀,声音清脆美又甜。

偷气放在词尾部,衣啊咪妈天天练。

气声结合莫忽视,口腔操练要全面。

注意:由于有时演讲语言节奏可能会加快,肺中储存的气息就不足,词与词之间无可供换气的间歇时,就必须要采用边演讲(说)边吸气来补充这一刹那肺中的气量和氧气的不足,这就叫作"偷气"或"换气"。这口气不仅要"偷""换"得自然,还不能让人看出来,这样就不会破坏演讲人的形象。

演讲口诀(36句词)

闪亮登场,炯炯目光,

长句短句,使用得当,

标题要新,主题闪光。

神情自然,形象端庄,

节奏快慢,可弛可张,

内容创新,情节顺畅。

起句如竹,结尾绕梁,

语气强弱,自然大方,

条理清晰,逻辑顺畅。

声情并茂,上乘演讲,

该收则收,该放则放。

讲中有演,演中有讲。

生动感人,比喻恰当,

吐字清晰,声音洪亮,

恰如其分,顿挫抑扬。

掌声语停,声停即讲,

根据场合,撰写文章。

八、关于拿稿子的演讲

拿稿子演讲之前要多次反复不断地通读演讲稿。这种拿演讲稿子进行演讲的好处是即使演讲者有些紧张,但是演讲者本人事前写好的文字稿能给演讲人兜住底,不至于把字都念错,把音念跑了,把语句念倒了。第一遍要粗读,第二遍要细读,第三遍要精读,最好是能把演讲的文稿分出几个段落来。仔细分段对演讲者有百益而无一害。然后再划分一下演讲的开头、中间、结尾。要真正做到心中有数、演讲层次分明。然后再着手语言、速度、快慢、缓急的设置与安排。哪块需要用语感,哪块需要用手势,哪块需要提高音调和降低声调等。也就是说,在演讲前,作为一个演讲人你必须要熟悉演讲稿,真正做到未雨绸缪。

九、关于背诵式的演讲

背诵演讲的演讲人除了需要把演讲稿全都背熟外,还必须得有

一个完整的准备过程。同时,演讲者还必须要做好以下几个方面的准备和练习。

1.心里默读(也叫心里默背)

俗语说:"熟能生巧,巧能更精。"烂熟于心不行,还要烂熟于口。这样演讲者就必须要找一下无人的地方,开始小声训练。训练的好处是可以找词与词、句与句、字与字、语言与语气语感之间的相互联系和发生的互补作用。最后,还要进行多次大声练习,即放开喉咙用放大的声音去背诵和练习演讲。

2.情感的准备

背诵式的演讲切记不可太死板。我们熟悉了文稿之后,就要不断地把演讲者的思想情感逐字、逐句、逐段的融入到演讲的字里行间。要知道,有情感和缺少情感甚至是干巴巴地去背稿演讲是会产生截然不同的效果的。有情感的演讲不但可以调动台下听众的情绪,让人们随着演讲者的情感不断地产生联想,而且也会增强演讲的艺术感染力;缺少情感或者情感较少的演讲就会显得逊色干巴。这里需要注意的是,演讲者若是用一种古板无变化的背诵式的方法去面对听众进行演讲,到头来就只能把听众给讲跑或者给讲睡着了。可见情感对演讲是多么重要啊!

3.调整把握演讲全篇(局)

调整把握演讲全篇(局),使演讲与听众和文稿融为一体,这是演

讲者必须要考虑和做到的事情,要一气呵成,不能一堆一块,条理不清晰、逻辑不顺畅地进行演讲是演讲者的大忌。

十、演讲的情感与技巧

演讲时,我们的演讲者必须要把稿子上的文字变成绘声绘色的语言,当众尽情发挥自己的水平,对文字进行再创造。因此,在演讲时尤其要注意演讲者本人情感的投入,它是演讲者能否成功演讲的一个非常重要的标志。

演讲者自己首先要以情感来打动人。以情动人,以情感人。缺少情感的演讲,不如不讲。要想充分演讲好每一篇文章、每一篇稿件,把需要表达的思想情感表现出来,我们就必须得练好基本功。在声音洪亮、语言准确、吐字清晰、流利顺畅的演讲基础上,还要按照不同的题目、不同的场合、不同的听众、不同的内容,恰到好处地运用语气、语势、语态,把每一次演讲讲好。

演讲的感情,取决于演讲者对演讲的文稿、题目、内容的理解、体会和感悟的程度。对文稿理解得浅,演讲人自己都没有感悟,那么演讲时又岂能会有感情?我们都知道,演剧者重在演情,歌唱者重在唱情,而舞蹈者重在舞情。那么,我们演讲者,又何尝能离开一个情字呢?所以,只有熟悉演讲稿、深刻理解和把握演讲的内容,然后再看自己的感情是否到位。这样,演讲人在演讲时才能打动听众、感染听众,把死文稿变成感人肺腑、催人泪下、动人不已、激奋昂扬的活演讲。

演讲的感情不是只激奋或者昂扬就行了，演讲者本人还需要掌握一定的演讲技巧，只有掌握演讲的技巧，才能把演讲者的情感层层递进地表现出来。

那么，什么是演讲者所应具备的技巧呢？答案是综合性的技术水平和现场的表现能力，如悦耳的声调、优美的音韵、有板有眼的节奏、纯正的音质、音量的控制、音高的把握，衣着打扮、头型发式、站立姿势、端庄典雅的举止，演讲时的态势、动作的协调、眼神的传递、情绪的宣泄、临场的发挥，甚至于即兴地添加"哇""呀""那""那么""啊"等衬词，还有自身文化品格、气质修养、人格的魅力以及文稿和语言、语气、声音等的和谐与统一，这些都属于演讲技巧的范畴。

如果说感情是演讲的内在因素，那么，技巧是表现演讲人内在因素——情感的一种外在表现形式。二者缺一不可，只有做到情感与技巧和谐统一，才能在演讲中让听众真的感受到"如闻其声，如见其人"的演讲效果。

当然，我们体味情感是不可浮现在表面上的，而运用技巧去表达情感时，又不可以矫揉造作。二者完美结合，才会珠联璧合。只有这样的演讲才会说服人、感染人、打动听众的心弦。

十一、气息练习

前面我们讲了声音的练习，现在我们再讲一讲气息的练习。

气是什么？气，在西方理论和学术研究中是很难一下就说准它的

定义的。而在东方，特别是在中国，气息就能够讲得清楚、明白、透彻。我们认为气无所不在、无所不用。生活中我就常常会遇到气这个问题。虽然气是看不见、摸不着的东西，可在实际生活中人们却可以真真切切、实实在在地感觉到在每个人身上气的存在。像我们吹灰、吹气球、吹蜡烛、吹烧柴、吹笛、吹哨、吹箫、吹号，都会去用气来练习，可见气对人们的生活和学习是多么重要。

而我们演讲的练气，则是为了防止声音嘶哑、破裂。练气是为了防止演讲人在演讲到一半时就声嘶力竭了，也是为了防止演讲人在演讲时会声音疲劳而不能负重，不能把整个演讲坚持讲下来。

有的人提出要先练声，后练气，也有的人赞成气和声要结合在一起同时练。但不管哪种观点和看法，气都是必须要练的。怎样练习气息呢？练习气息最好从数数字或者一些难度较强的绕口令开始进行锻炼。这种练习气息的方法会起到很大的效果的。我们练习数数字或练习绕口令，就可解决气不够用的问题。

(一)数数练习

可用"一、二、三、四、五、六、七、八、九、十……"这样的训练来放开了数，还可以用"数一个葫芦，两个葫芦，三个葫芦，四个葫芦，五个葫芦，六个葫芦，七个葫芦，八个葫芦，九个葫芦，十个葫芦……"这样一种绕口令来练习。最好再加上字多、词多、字词变化较多的绕口令来进行练习，像"一个葫芦一个枣，两个葫芦，两个枣，三个葫芦，三个

枣,四个葫芦,四个枣,五个葫芦,五个枣,六个葫芦,六个枣,七个葫芦,七个枣,八个葫芦,八个枣,九个葫芦,九个枣,十个葫芦,十个枣……"这样的绕口令都可以拿来练习。

(二)关于句子的练习

1.这是谁的书包?

2.如果这个坐在角落的同学一句话也不说,他一定很痛苦。

3.瞧! 大海,蓝色的大海,多美呀。

4.噢,我的风筝飞上天了!

5.你是谁? 在这干吗?

6.我最喜欢的城,你猜猜……再猜猜?不对,啊不对。告诉你吧,是长城!

7.你的作业怎么还没做完?

8.我说这位同学,您能不能快点。

9.哎呀,都九点了。可真急死人了。

10.老师,这不是他的错,是我的错。

(三)歌曲练习

1.总想对你表白,我的心情是多么豪迈。总想对你诉说,我对生活是多么热爱。……

2.说句心里话,我也想家。家中的老妈妈,依然满头白发。说句心里话,我也有爱。常思念那个梦中的她,梦中的她……

3.没有花香,没有树高。我是一棵无人知道的小草。春风啊,春风,你把我吹绿,阳光啊,阳光,你把我照耀。大地呀,母亲,你把我紧紧拥抱。

(四)绕口令

绕口令是中国民间流传的一种口头文学样式,它不仅是我国曲艺艺人必练的一种口腔操和基本功,也是新闻播音员、各种主持节目的主持人的必修课。在电影学院、戏剧学院和全国各大学举办的播音班,绕口令都会被拿来作为打基础的训练课。

绕口令不但语言生动、形象,还具有"一唱之叹"之妙,韵味深长、声韵优美。民间文学还将其划归在儿歌范围里。古人曾举例五十八字以内之词称为小令,绕口令既然作为一种令,一般就很短小。它具有锻炼说话清晰明了的功能。同时,儿歌和绕口令的界线又很难分得清。

绕口令既可以锻炼演讲者的发音和各发音部位的器官,使其更加灵活,又能帮助练习者练好吐字发音以及气息的控制和口腔的开合、关闭控制等技能。有的人把绕口令比作灵敏度很高的发音"听诊器"。由此可见,绕口令的训练价值、使用价值有多么大。而演讲者正好需要借助它来进行语言和口才训练,测试发声吐字、归音收音是否正确。它也是测试声音、吐字清与不清的"金标准"。可试练几段绕口令加以体会。

葡 萄 皮 儿

吃葡萄不吐葡萄皮儿，不吃葡萄倒吐葡萄皮儿。

四 和 十

四是四，十是十。

要想说好四，舌头碰牙齿。

要想说好十，舌头别伸直。

要想说好四和十，多多练习十和四。

风停藤停铜铃停

高高山上一条藤，藤条头上挂铜铃。

风吹藤动铜铃动，风停藤停铜铃停。

菜 园 歌

豆角青青细又长，黄瓜穿身绿衣裳。

茄子高高打灯笼，萝卜地下捉迷藏。

辣椒长个尖尖嘴，倭瓜越老皮越黄。

红绿黄紫真好看，菜园一片好风光。

十二、诗与演讲

诗歌起源于劳动和宗教。诗、乐、舞原本为一体。原始人类在劳动中为了忘记痛苦、振奋精神、协调动作,边跳、边唱、边舞。于是,这原始的艺术就融合在一起。只是到了后来,动作(舞)从中分离出来,这样就只剩下歌(唱)。在歌中,音乐变成了诗的形式,自然诗才是音乐的内容。诗歌是文学样式的一种,诗歌最能产生美感、最能感染人,因为诗人的情感往往都融在诗里。

那么,诗与演讲究竟有多大的关系? 可以说,十分地重要。你看! 在诗人神游的世界里,声音有了形状,花朵有了声音,泉水飘着香味,香味闪着色彩。像"感时花溅泪,恨别鸟惊心"的"花"和"泪"即是诗人的情感的表达。再如北宋宋祁《玉楼春》诗词中的第三、四句:"绿杨烟外晓寒轻,红杏枝头春意闹。"这首词里的"绿杨"和"红杏"都有了颜色。一个"闹"字又给人以一种春意特别浓烈的感觉。而"红杏枝头春意闹"这一个完整的诗句,让我们感到了"花朵有了声音""声间里又出现了花的形状"。如果同学们能在演讲中加入一些形象生动、鲜明感人的诗句,无疑会给你的演讲带来极大的艺术渲染力。可见,诗在演讲中的地位和作用是很重要的。

第二节 演讲与口才训练

演讲是当代社会人与人之间相互交往交际的工具，也是一种技能；演讲是一种心灵的沟通与思想的交流，也是时代信息传播的语言艺术；演讲更是少年儿童在学校班级和同学之间相互交往中必不可少的一种交往能力的体现。演讲的范围包括很广，如新婚贺喜的演讲、生日祝贺的演讲、迎送宾客的演讲、各种节日演讲、某些盛大宴会的祝酒词、大学同学多年分别再相聚的演讲、街头演说、广播电视的演说、论文答辩、导游词(对当地风土人情、人文景观、历史以及文化等的介绍)、中学生的甲乙双方大辩论的演讲、小学生在校园和班级中开展的各种演讲等。总之，演讲在我们的生活中无处不在、无处不显、无处不见。以上有些演讲对少年儿童来说都还很遥远，我们这里主要是想要对校园演讲、班级讲演、开学演讲、毕业演讲四个方面和少年儿童想要了解和知道的一些有关演讲的内容和演讲的形式与技巧来进行讲解。

1.校园演讲

校园演讲主要是指学生在学校有计划、有步骤、有安排、有主题的师生共同参加和完成的一次大型演讲或者是集会活动演讲。这种演讲活动可以让学校的校长和教师来主持，让有代表性的学生当着

全校师生进行演讲,也可以由学校教师出面组织,完全由学生自己主持会议,自己来进行演讲。例如校庆演讲、校园开学典礼演讲、校园升旗仪式演讲、校园少年先锋队大队委员会成立演讲、校园少先队鼓号队成立演讲、校园募捐活动演讲等,除此之外还有校园六一儿童节活动演讲、夏令营演讲、冬令营演讲、学校和部队联欢演讲、少先队篝火晚会演讲等。

2.校园演讲的语言特征

顾名思义,校园演讲离不开校园的用语。这主要是因为演讲者是由学校的学生或教师来担当。那么,在这个特殊的演讲场合与时境中,听众和演讲的学生就会形成一个很强的语言信息沟通,演讲学生与听众共同完成了一个"讲"与"听"的互动演讲场的场效应。只有在这种条件下,才可能构成校园的演讲气氛,完成演讲任务。

3.什么是校园语言

校园语言,是特指演讲的学生或者教师(亦即演讲人和演说者)在特定的校园环境中演讲时使用的,只有学生和教师双方能接受和懂得、理解的有声语言。每个行业都有自己的日常有声语言,也可以说这是一种行业上的常用语言。当然,这些语言的使用,更多要受特殊环境的约束。比如我们在储蓄所里使用的语言,多用的就是怎样存款、利率一年多少的语言;在商场里,就会使用一些商业用的语言;在酒楼和饭店会使用怎样"点菜"和点什么样的菜更能满足食者的胃口

的语言。所以,学校里学生们的日常用语和演讲时所用的有声语言,就必然受这个特殊的环境约束。不管把演讲的地点与场合移动到学校的哪个活动、哪个场所,只要是没有离开校园,那么,演讲的学生和教师使用的有声语言,自然离不开校园这个充满知识、理想、追求、奋斗和创新学习的独特的校园环境的语言。

4.校园演讲的艺术性

校园演讲对演讲的学生和教师,既充满了诱惑性、挑战性,又充满了艺术性。我们先说说诱惑性。演讲对很多学生来说都可望而不可即的一件事。因为有许多孩子虽然在学校里学习了十几年,可是演讲对于他们都是擦肩而过。而只有极少数的非常让老师喜欢看重的学生才能够站在众人面前进行演讲。这种诱惑性不仅是对学生而言,对广大的学生家长来说,让孩子演讲当前已成为了一种追求。因为他们都知道,随着社会的变革和时代的飞速发展,孩子们未来需要的不仅仅是好文凭、好学历、好成绩,这还远远不能满足国内外某些大企业、大公司、大单位的人才招聘条件, 他们更看重的是口才和自身的能力。于是许多家长便把目光放在了如何培养自己的孩子善于运用有声语言和人交流、谈话、沟通上。可是家长的想法只能是他们的一个想法,好多孩子并没有自始至终、实实在在地参加过一次演讲(学生亲自讲话)这种社会实践活动,这只能让孩子留下遗憾。

我们说校园演讲充满了挑战性,那是因为有些学生虽然学习好、

思想品德好、听老师的话，可是也正是因为生活在"两点"和"一线"中，使得他们胆小、怯场、害怕当众讲话。我们讲的"两点"和"一线"，"两点"指的是学校和学生的家，"一线"指的是两者之间的路线。一年四季的生活方式都是这样，循环往复，这种"两点一线"的生活方式，又怎能不让孩子们的性格与个性发展产生障碍呢？要改变这种状态，就需要我们更多地去关心学生的心理健康、性格健康、思想健康。有的学生因为平时缺少这方面的训练，心理素质较差，虽有家长在后面鼓劲、打气，可终因"底气"不足，总是看着别的同学在台上演讲。敢不敢挑战自己、敢不敢战胜自己，对于每个校园里的学生都是一次人生的考验。只有吃过梨子的人，才真正知道梨子的"滋味"。

那么，什么又是校园演讲的艺术性呢？校园演讲的艺术性就在于演讲的学生在演讲时所产生的艺术魅力，能够打动每一个听他演讲的学生和教师。当然，这种艺术性既非戏曲舞台上演员的演戏，也不是影视演员的表演，更非是书法绘画、跳舞唱歌。但是，在校园里的学生的每一次演讲都会有某些艺术方面的借鉴、使用、发挥，这就比平时说话、与人沟通、同学与同学之间的有声语言交谈多了几分艺术性在其中。比如，脱稿的演讲，有的学生要提前许多天就开始背稿，要把演讲词背得很熟。这期间可能要在班级试着演讲，然后再由老师给予多次的指导，怎样运用语言、声调、体态、动作、姿势，甚至于还有该不该哭，该不该笑，什么地方用停顿，什么地方用重音和轻声，以及出场

和下场的习惯等等。这样反反复复的训练和演练所付出的努力是不亚于一个演员排一出戏，一个歌唱者唱一首歌，一个舞蹈演员排练一段独舞所付出的努力的。经过反复打磨，这种有准备、经过精心设计与安排的演讲，自然会在演讲中产生出一种艺术魅力，同时也感染了听众。因为，经过反复多次的演讲训练，这种登台的演讲，早已不是生活中的对话交流或者是毫无准备的突如其来的当众即兴演讲。可以说，这是经过某种艺术加工之后的一种非原始状态下的当众演讲了。

5.演讲的技巧与方法

演讲也叫讲演和演说。演讲是一种放大或者扩大性的宣传的激情渲染，以及对听众的当场鼓励性的讲演。要使自己的演讲能够打动更多的听众，就必须要讲究演讲的技巧与方法。一是练习时必须由简到繁，先易后难；二是选择适合自己的演讲稿；三是准备好稿子后要背熟、记准、记牢全部演讲词；四是演讲的层次要分明，该温则温，该火则火，该煽情就煽情；五是表达情感要准确、到位、无误；六是要紧扣演讲主题，把握速度，控制节奏，口齿要清楚，把握好声音的强弱和音频的高低；七是尽量缩短自己和听众的距离，用词要准确恰当，不拖泥带水，形象要端庄大方；八是言为心声，要时刻注意自己的语言情态，要"依情而声，依理服人"，同时还要积极调动在场听众的情绪，让自己的演讲能够产生一种吸引力，真正从内到外都能产生共鸣，说服力要强，尽量打动每一个听众；九是平时多背诵并引用中华民族的

优秀语言,如古诗词、成语、谚语、歇后语、典故、掌故、故事、传说、俚语、俗语,以及伟人和名人的名言,这些对演讲的效果都会起到事半功倍的作用;十是要发挥好控场的能力,还要掌握好演讲中的语气、语句的抑扬顿挫技巧;十一是尽量发挥好自己的口才优势,要让自己的演讲给听众一种清新明快的听觉愉悦感。

一、我和我的祖国

尊敬的老师、同学们,大家好!

我今天演讲的题目是"我和我的祖国"。

五千年的历史,五千年的追逐,五千年的风风雨雨,五千年的拼拼搏搏,五千年的华夏文明,五千年的民族颂歌。你像一只雄鸡高踞于世界, 你像一只巨龙遨游在宇宙的长河里。你是我心中不灭的灯塔,你是我一生唱不完的一支赞歌。这就是我要演讲的主题:我和我的祖国。

同学们,我们每个人在"国破山河在,城春草木深"的岁月里、为了祖国的利益可以献出自己的宝贵年华,可以献出自己的青春,可以献出自己的生命。然而,我们却不能抛弃和自己血肉相连的祖国。因为失去了祖国就失去了一切,没有了祖国就没有了你和我。要知道,祖国是一个伟大民族的精神所在,祖国是一个人血脉的源泉,祖国是中华儿女不断求索的一面旗帜。所以,我和自己的祖国一天都不能分离。

不是吗？为了一己之利的汉奸秦桧至今还跪在西湖边上被人唾弃；而"待从头，收拾旧山河"的爱国将领岳飞，正怀着"靖康耻，犹未雪"的"壮怀激烈"的情感，站在那里保卫着祖国。古人对祖国的热爱尚且如此，而在中国共产党领导下的千百多个民族英雄的那种洒热血、捍江山，为祖国前仆后继的精神更是为我们树立了榜样。

作为一名21世纪的青少年，我们该怎样来爱自己的祖国？我认为，要把学习放在首位，然后把所学到的知识和本领全部献给祖国。可以说，没有祖国就没有我童年的快乐，没有祖国就没有我少年时代的生活，没有祖国就没有我人生的坐标，没有祖国就没有我这片小小的绿叶。祖国的安宁是我最大的理想。祖国的富强是我人生的希望，祖国的繁荣昌盛是我一辈子的追求！只有祖国的腾飞才有我事业，只有祖国的富强，我们才能在世界上昂首挺胸，被人尊重。

假如把祖国比作一片蓝天，我就是那自由自在飞翔在蓝天的一只白鸽；假如把祖国比作大海，我就是那大海中翻腾的浪花一朵；假如把祖国比作高山，我就是那高山上的小树一棵；假如把祖国比作大地，我就是那种子一颗，无论把我放在哪里，我都会让自己牢牢地扎下根，在那里发芽、开花、结果。

祖国是我心中的绿洲，祖国是我心中的长城，祖国是我心中的长江，祖国是我心中的黄河，祖国是我心中的太阳，祖国是我奔向新世纪的一首抒情诗歌。

我爱祖国一片深情，我爱祖国无比执着。祖国给了我太多太多的爱，所以，我要用毕生精力回报我的祖国。

二、科学是春天

亲爱的老师、同学们！

我今天演讲的题目是"科学是春天"。

我说科学是春天，那是因为科学像一轮初升的朝阳，它能给每个红色少年带来灿烂和辉煌的理想。我说科学是春天，那是因为科学像和煦的春风，它能吹醒同学们僵化的思想。我说科学是春天，那是因为科学像如酥的春雨，它能润红每一朵绽放的鲜花。只有掌握科学，我们在生活的河流中才不会迷失方向。只有学好科学，我们才能为民族的富强、国家的昌盛贡献我们的力量。东汉时期的科学家张衡发明的地动仪，为古老的中华民族找到了预报地震方向的方法。毕昇为了改进笨重的雕版印刷，经过千百次的实验，终于发明了活字印刷。美国的科学家富兰克林为了揭开大自然打雷和闪电的秘密，竟冒着生命危险进行了多次实验，最后终于捕捉到了雷和闪电的秘密所在。为了让人类能插上翅膀，像小鸟那样在天空中自由自在地飞翔，美国的莱特兄弟在前人研究制作的热气球和世人称之为"空中飞鸟"的飞艇的基础上，终于成功地研制出第一架动力飞机，开创了航空史上的新纪元。这不仅实现了许多个世纪以来人们飞向蓝天的梦想，也为人类的飞行科学找到了一条切实可行的希望之路。

你看,科学有多么大的震慑力,科学能给人类带来多么美好的生活景象啊!

同学们,让我们爱科学吧!

让科学和我们一同走向新纪元吧!!

科学的春天需要一代又一代的人去辛勤地播种。只有会播种科学的少年才能找到自己收获的季节,才能找到人生最美的风景线。

三、蓝天绿水小草

亲爱的老师、同学们,大家好!

我今天演讲的题目是"蓝天绿水小草"。

假如没有蓝天,小鸟就不会飞翔;假如没有江河,每一朵浪花就不会欢畅;假如没有绿草,大地就不会生机盎然;假如没有森林,大山就不会有欢乐;假如没有花朵,这世界就会失去最美的颜色;假如所有的生存环境都被破坏了,人类就会失去曾经拥有过的美好生活。

同学们,环境对我们每一个人是多么重要,自然和人类的关系又是何等密切。

面对着美丽的天空,你会有无限的遐想;面对着清澈的江河,你会写出赞美生活的诗歌;面对着染绿大地的小草,你会画出最美的图画;面对着秀丽的山川,你会情不自禁地高歌;面对着优美的环境,你会追求和创造更新、更美的生活。

或许,有人对我们说,你还太小;或许,有人对我们说,你还太孱

弱,对此,我也要大声疾呼:不!我们不小,我们也并不孱弱。因为我们是新世纪的小主人,我们的心灵也并不脆弱。我敢说,前人不曾说过的话,今天就由我们来说;前人不曾做过的事,今天就由我们来做。登高一呼,是我们少年儿童的理想;表里如一,应该是少年儿童的本色。我们的理想,就要让自己生活得更好;我们的追求,就是要让天蓝水美,到处都有小草的绿色。我们要让春风化雨,我们要让生活永远是满园春色,我们要让沧海桑田永不退色,我们要让春华秋实永结硕果。

曾记否?那湛蓝的天空,有阵阵的浓烟滚过;美丽的江河上,漂浮着白色的泡沫;青青的草地,正在被黄沙吞没;茂密的森林,被砍伐得体无完肤。遍体鳞伤的大山永远失去了绿色,小鸟没了窝,浪花不再清澈,鲜花即将枯萎凋零,大自然在哭泣和呼喊:"救救我呀,救救我,请快点还回我的本色!"

面对着这惨不忍睹的景象,不知道人们该作何种解释,又该做哪一种选择?

答案不辩自明,每个人都知道自己应尽的责任。为了保护我们的生存环境,为了保护我们的家园,为了有一个更加晴朗的天空,有一片春风吹绿的草地,有千百条清亮的江河。有秀美的山川,有盛开着万紫千红的花朵,从我做起,从你做起,从他做起,从人人做起。爱护我们的环境,爱护所有的绿色。只有这样,我们伟大的祖国才会有健壮的体魄;只有这样,生活在神州大地上的人们才会过上快乐健康幸

福美满的生活。

同学们,让我们行动起来吧。我们只有行动起来,我们的环境才会得到保护。为了让我们的天更蓝、水更绿、草更青、家园更加美丽,我们就要高高举起保护生态环境的这面大旗。要让我们的子孙万代将这面旗帜永远传承下去。

我的演讲到此结束,谢谢大家。

四、请还我自信

亲爱的老师、同学们,我今天演讲的题目是"请还我自信"。

我自信,我自信自己会慢慢长大。我自信,我自信对自己的追求永远执着。我自信,我自信美好的生活一定会属于我。

我自信,我自信我若成为一粒种子就会开出美丽的花朵。我自信,我自信当我长得更加成熟时也就会看到金色的收获。

让每一个孩子充满自信,克服各种障碍,使他们都能品尝到人生成功的喜悦和快乐,这是所有家长的心愿,同时,它也更是我们这一代人的梦想。

然而,我们的自信,往往就被许多慈善好心和疼爱子女的家长们给扼杀在襁褓中。由于家长们太过呵护,使我们在溺爱中对自己逐渐产生了怀疑,缺少了自信。

当我刚要咿呀学语的时候,妈妈却说:"停,停,停! 还不到说话的时候,注意,别坏了嗓子。"

当我刚要站起来蹒跚学走路时候,妈妈仍是这种口气,说:"停,停,停! 先别站起来,这样会让你的腿变成 O 型腿。"

当我要洗第一块小手绢时,妈妈还是这样说:"停,停,停! 洗衣粉会伤到你的这双小手。"

妈妈背我走过小河沟,抱着我走进幼儿园,领着我走进小学校……这一步步付出的真是太多太多。可我也从小就没了自信,不知自信究竟是不是还能属于我。

从幼儿园到家里,从小学到家里,从中学到家里,这两点成一线的生活,我哪来的自信,我哪还能再找到一个自信的我呢?

今天,我要高声疾呼:亲爱的家长,请您快快放手吧,别把我这高飞的风筝牵得那么紧,不然我的自信就只能在您手里备受折磨。

还我自信,还一个自信的我。请想一想,当初你们在像我们这么大的时候,每个家庭的孩子通常是七八个,你们的爸爸妈妈,是否也像您一样对待子女们总是不放心,总是要像牵着一根绳子似的把您牵得不知所措?

可能我的这些话还不足以打动所有不放心孩子成长的家长们,但我想用一位和英国莎士比亚同一时代的杰出的哲学家——培根的一句话作为我的演讲的结束语:"在子女还小时,父母就应当考虑他们将来的职业方向并加以培养,因为这时他们最易塑造。"

亲爱的家长,当您听了曾被马克思誉为"英国唯物主义和整个现

代实践科学的真正的始祖"的培根的话语后,您也许会有所感悟吧!

五、让校园更美丽——开学典礼演讲

亲爱的老师同学们,大家好!(掌声)

洒洒秋光满园栽,金风送爽校园来。

丹桂飘香好时节,鲜花彩旗校园开。

今天,是我们全校师生欢聚一堂的日子,也是新学年开学的第一天。你看,那鲜艳夺目的彩旗在空中飞舞;你看,那美丽的秋阳正在和我们的笑脸相伴。你听,这嘹亮的鼓号声是多么让人感到震撼;你听,这校园的歌声又是多么充满激情。此时此刻,我想要说的第一句话就是:让我们在这美丽的校园中不虚度自己的年华,不丢掉一寸光阴,"好好学习,天天向上",做一个尊敬师长、爱惜校誉、团结同学共同奔向 21 世纪的好学生!

同学们,我们有幸能考入这所市重点中学是我们的骄傲,也是每个人的光荣。我们的期待,我们的梦想,今天终于如愿以偿。因为这里是一个师资力量雄厚、教学管理规范、教学设施完备、教学水平上档次和够规模的第一流学校。校史告诉我们,在这里学习的学生都曾经为这所中学增过光,添过彩,在这里授课的每一位老师都付出了自己的心血和汗水,他们把所有的爱都倾注在学生的身上。所以,我们要更加努力学习,用最最优异的成绩来回报母校和老师。

古人云:"不积跬步,无以至千里;不积小流,无以成江河。"我们

虽然走进了这所重点中学，但我们的成绩只能属于过去。我们要把"少年心事当拿云"这句名言作为我们的座右铭，不断地激励自己向前奋进。

同学们，时代在呼唤着我们，社会在呼唤着我们。我们是祖国的花朵、民族的希望。为了让我们的校园更美丽，我们就要勤奋学习，不做燕雀做鸿鹄，把学习的志向树得更远、更大，在新世纪里再创新的佳绩。

谢谢大家！

六、再见，亲爱的老师

亲爱的老师：

你们好！

当火红的七月向我们走来的时候，当金色的秋风吹动我们理想的航船驶向新的彼岸的时候，我们即将要离开老师与学习和生活过的校园了。请允许我在这里代表全体同学向我们的老师表示最最真诚的敬意！深深地为老师鞠上一躬，谢谢您！我最亲爱的老师，您辛苦了！（鞠躬）

在这个非常激动人心的时刻，我们有多少知心的话儿要向老师倾诉，有多少感谢的话语要对老师讲。我们舍不得离开自己的母校，舍不得离开曾经用心血和汗水培养我们的老师，这里是我们成长的天地，这里是我们幸福生活的摇篮，这里有我们的一片情和爱，这里

有我们最美丽的梦想。

亲爱的老师,是您用那甘甜的知识乳汁把滋养我们,是您教会了我们怎样写字、写文章,是您教会了我们热爱生活、热爱大自然,是您教会了我们懂得了许多人生的道理,也是您教会了我们怎样做人!

临别之际,我要向亲爱的老师献上我亲自写下的一首歌词,算是我对您的一片心意。

在那缤纷的季节,我们品尝幸福与欢乐。

我们聆听您谆谆教诲,懂得了什么是最美的生活。

您用深沉的目光为我们讲课,您用坚定的信念教会我们执着。

啊! 老师——

您教我们演讲时的雄辩,您教我们学舞时的活泼。

您教我们读书时的静谧,您教我们练琴时的放歌。

太阳依旧,风雨依旧,唯独我们已不再是昨天的我。

啊! 老师——

您就是我一生唱不够的那首歌。

七、勤奋才能走向成功之路

同学们,我今天演讲的题目是"勤奋才能走向成功之路"。

一个人的成功,必定来自于他一生的勤奋,而只有勤奋的人,才能走向成功之路。

持之以恒是勤奋之人的根,只有扎下勤奋好学之根,才会长出鲜

嫩的绿叶,绽放出美丽的花朵,结出丰硕的果实来。

我们带着一颗颗滴着露珠的童心,走进了少儿艺术殿堂;我们带着一片童情,步入了学习艺术语言和口才的大门;我们带着白云般的童真,寻找那五彩缤纷的梦。我们带着自己的童趣和勤奋对话,聊天,谈心……

听一个故事,你会受到感动,朗诵一首古诗,你会用掌声回报,这情思该有多美,多新,多深。

古人云:"不积跬步,无以至千里;不积小流,无以成江海。锲而舍之,朽木不折;锲而不舍,金石可镂。"这段至理名言,不仅深奥,还让我们体味到只有勤奋的人才会走向那成功之路,登上人类的金字塔,打开金光四射的成功之门。

有人可能会问,究竟什么是勤奋?

在这里我会毫不犹豫地回答:勤奋就是"铁杵磨成针",勤奋就是"蜂儿酿蜜",勤奋就是博览群书,勤奋是一种意志的磨砺,勤奋是踏平坎坷的进取,勤奋是人生理想的执著追求。中国有句格言叫作"业精于勤",只有勤奋才能"天下无难事",只有勤奋才能"黄土变成金"。

让勤奋成为我们心灵的一面旗帜吧!有了这面旗帜,我们才能走向新世纪的大门。

八、品德与环境

尊敬的老师,亲爱的同学们!

大家好!

今天我演讲的题目是"品德与环境"。

在我演讲之前,我想唱一支歌曲,用画龙点睛的表现方式把我的演讲的中心思想和主题介绍给大家。

(唱)不要问我从哪里来,

我的故乡在远方,

为什么流浪——流浪远方——流浪?

为了小鸟在天空飞翔,

为了山间清流的小溪,流浪,流浪。

还有,还有那绿色的橄榄树,

流浪——流浪。

每当我看到那湛蓝湛蓝的天空中,鸟儿在洁白如雪的白云下自由地飞翔,看到青山绿水中有小船荡漾,看到飘洒着清香的林子里百灵鸟在歌唱,看到山间的清流小溪在不停地奔流,看到广阔的草原上水草丰满、牛羊肥壮,我都会情不自禁地哼唱着费翔演唱的这支大家都十分喜欢的歌曲。

我们常说,看一个同学的思想品德美不美,首先就要看他是不是真正从心里有一种爱护环境和保护环境的思想意识。我最不喜欢的就是那些"语言上的巨人,行动上的矮子",他们都把爱护环境的大道理讲得一套一套的,可要是轮到他自己,却会成为一个破坏环境的

"杀手"。这样的人是最让别人看不起的

因此我要说，同学们，让我们把爱护环境和保护环境的这根弦在自己的心里绷得紧紧的。把用过的废旧电池收好，把吃过的瓜果梨桃的皮和核认认真真地放在随身携带的废纸袋里，把喝过的饮料罐放进自己的背包内，把放有剩饭剩菜的塑料饭盒和一次性的卫生筷，整整齐齐地摆放进塑料袋内。在公共场所不随便扔糖纸，吃过的泡泡糖更不要吐在地上。

最后，我想用自己写的一首小诗作为我的演讲的结束语：

环保少年爱自然，心中自有柳浪翻。

百鸟投林把春唤，山川飞舞向蓝天。

江河湖海任鱼跃，万马奔腾在草原。

小鸟小溪不流浪，绿色橄榄果更甜。

环境优美人才美，看我一代美少年。

九、愿我的祖国到处都是一片新绿

今天，是我毕业的日子，也是我最后一次站在这里。此时，我的心儿在激烈地跳动，两行热泪像涌出的山泉。亲爱的老师，亲爱的同学们，亲爱的家长，亲爱的叔叔阿姨，我有许多话儿要向大家倾诉，我有太多的感受要对大家说。一年前，是爸爸妈妈带着我走进了少儿影视表演艺术学习班，经过短期的训练和学习，是亲爱的老师用他传授的知识让我看到了一片崭新的艺术天地。

当初,我非常的顽皮,上课时不是搞小动作就是摆弄玩具和橡皮泥。同学们的帮助,老师的耐心教育,让我重新塑造了一个崭新的我。现在,我不仅可以朗读一首首美妙的诗歌,讲述一个个动人的故事,表演一个又一个小品,学会了怎样演讲,还懂得了许多人生的道理。

可是,当我真的要离开这里的时候,我的心却怎么也离不开曾经为我付出太多的老师,离不开共同学习和奋斗向上的集体。我爱这里,因为这里有一片湛蓝湛蓝的天空;我爱这里,因为这里有更多的童真、童情、童趣;我爱这里,因为语言和口才改变了我内向的性格;我爱这里,因为绽放的花朵散发出太多的清新香气。

你看,我变得多像一只美丽的小天鹅;你看。我变得多像一只辛勤劳作的小蜜蜂;你看,我变得多像一只百灵鸟;你看,我变得多像一只催人早起、向着太阳高歌的雄鸡!

明天,我即将奔向新的学习领域,但我要把在这里学到的点滴知识,全部用在新的班级。带着老师的殷切的希望,带着同学们的关怀和鼓励,带着语言和口才这支美丽的歌曲,走到哪里,就唱到哪里。

再见!亲爱的老师、同学们。今后,我一定会常来看望我曾待过的班级,向大家汇报我学到的新知识,汇报我所取得的新成绩。在改革开放的春风里,把自己化成一滴滴小雨,润透每一块干涸的土地,让祖国的山山水水都泛出一片又一片新绿。

十、人生当以诗书为伴

尊敬老师,亲爱的同学们:

大家好!

我今天演讲的题目是"人生当以诗书为伴"。

中国有句流传久远的话语叫作:"万般皆下品,唯有读书高"。这句话虽不够全面,但是我们也可以从中悟出一点道理来。

古人为了读书,可以三日不食不眠。为了读书,我国古代的文人和学子们还用"头悬梁"和"锥刺股"的方法迫使自己把书读进去。唐代大诗人杜甫说:"读书破万卷,下笔如有神。"苏联的文学家高尔基对读书更有自己的体会。他说:"热爱书吧——这是知识的泉。"周恩来总理在年轻的时候提出"为中华民族的崛起读书"。开国领袖毛泽东古今中外的书无所不读。列宁提倡要到闹市里面去读书。

看来,读书、读好书、好好读书,不但是中华民族的优秀传统,我们作为21世纪的青少年更应以读书为乐,以读书为己任。读一本好书就如同和一个高尚的人谈过一次话,那么书中就会有我们的黄金屋喽。读书不但使人变得聪明、有智慧,读书还能提高自身的修养和学问,读书更可以增强我们的鉴别能力。

中国还是一个诗的国度。从《诗经》到《楚辞》,唐宋元明清,历代诗人交朋友,无不以诗会友,以诗来表达自己的思想情感。许多脍炙人口的好诗,久传不衰,久吟不败。诗歌还丰富了中华民族的精神生

活。少年作诗立志"少年心事当拿云",老年作诗意在"青梅煮酒论英雄"。诗在我国无处不在,无处不传诵。从依依牙牙学语时的"锄禾日当午,汗滴禾下土"到孩童时的"鹅,鹅,鹅,曲项向天歌",从少年时的"独在异乡为异客,每逢佳节倍思亲"到青年时代的"一道残阳铺水中,半江瑟瑟半江红",对名诗古词的学习和吟诵,都让我们深切地体会到,一个人的一生如果不能以诗书为伴,这不但是一种痛苦,还会使人路不识途,航行无方向。

诗书可以造就人们的品德、修养人们的心性,还能够使人得到大彻和大悟。

让我们终生与诗书为伴吧。

我的演讲完了,谢谢大家!(长时间热烈鼓掌)

十一、新世纪竞选演说词(之一)

尊敬的老师,亲爱的同学们:

大家好!非常高兴今天能参加班级举行的新世纪竞选活动。首先自我介绍一下,我是五年一班学生季可飘。

记得有一位诗人曾经说过这样一句话:"少而好学,如日出之阳;壮而好学,如日中之光;老而好学,如秉烛之明。"虽然我并不聪明,但我却深知"少壮不努力,老大徒伤悲"这个千古不变的道理。入学以来,我从学习最差的学生一步步成为了班级的前10名。无疑,这与老师的培养和同学们的帮助是分不开的。我的进步应归功于班级,归属

于我们这个集体，在这里我要向含辛茹苦的老师深深鞠上一躬。老师，您辛苦啦！

同学们，我不但热爱学习、热爱班级、热爱集体，而且更加喜欢我们的老师和学校。我无论做什么事情都会认真去做，也会用心做好。这是我的人生信条，也是我一生的追求。新世纪需要许多许多品学兼优、学习优秀的人才。我虽然自己进步了，可是，我们班里还有许多的同学需要和我一起共同进步，因为一个人的学习进步代表不了一个班级的整体，只有全班同学的学习成绩都好了，这样的集体才光荣、才幸福、才美丽。

为了搭起这个你追我赶、互帮互学的"桥梁"，我愿意吃最多的苦、受更多的累，去关心、爱护、帮助那些在学习上走得比较慢的同学。因为一花朵独放不是春，百花齐放才是万紫千红的春天。

今天，我主要想竞选学习委员。我知道在我身上还有许多的缺点，不愿和学习成绩差的同学接触，经常流露出看不起人的毛病，不但有娇气、傲气、盛气，还有一股酸气。但是，这些缺点我一定会争取早日克服并将其改正。

如果我有幸当选，我一定更加努力；如果我落选，我也会加倍努力改掉自己以前的不足和缺点。把竞选当成一种动力，为了明天，为了新世纪，我会更加拼搏地努力学习。

下面，我想用陈毅将军的诗作为我这次竞选的结束语。

248

九牛一毫莫自夸,

骄傲自满必翻车,

历览古今多少事,

成由谦逊败由奢。

最后,我衷心希望和我一样有自信的你,能投给我宝贵的一票。

谢谢!

竞选人:季可飘

2000 年 7 月 1 日

十二、新世纪竞选演说词(之二)

尊敬的老师、亲爱的同学们:

大家好! 非常高兴今天能有机会站在这里参加我们班的举行的新世纪班级竞选活动。我认为,这是一次自我冲刺、自我展现、自我超越的难得机会。

首先,自我介绍一下。我叫辛怀志,今年 10 岁。O 型血,身高 140 厘米,喜欢读书,喜欢文学,爱听高雅音乐,对体育极感兴趣,非常热爱集体,然而,我又是班级的一名极普通的学生。

记得伟大的俄国作家高尔基曾经说过这样的一句话:"劳动和科学是世界上最伟大的两种力量"。他还说:"自由的劳动力量可以使人成为伟大和聪明的人"。我知道自己并不太聪明,但我愿意沿着劳动这条创造人生一切财富的道路上永远地走下去。劳动者是神圣的。要

知道,一粒种子的发芽、生长、结成硕果都离不开劳动。不能想象,一个不做任何播种的地方会有金色的丰收季节,一首乐曲不靠精神和灵感来创作就会有动听的曲调,可以说,世界上一切真正具有价值的东西无一不是通过艰苦的劳动和创作才取得的。因此,我今天参加竞选的目的就是想成为一名新世纪的班级劳动委员。劳动可以创造幸福,劳动可以改变人的思维,劳动可以提高我们对学习的认识,劳动能够建设一个新世界。

过去,我也曾经有过饭来张口、衣来伸手的不良习惯,尤其是在爱护班级、学校的环境上,显得很不自觉,总以为班级干不干净、校园美不美丽是别人的事情。但是,通过几次"爱我班级、爱我校园、爱我家乡、爱我祖国的一草一木"活动的学习和实践,使我对劳动有了更加深刻的认识。为了能让自己对劳动有一个正确的观念,从今天起,我一定会从我做起、从实践做起,以劳动为光荣。只有这样,才能成为跨世纪的"四有"新人。

我知道在我身上还有许多需要克服改正的毛病和缺点,但是我有决心在这次竞选中尽快改掉这些毛病。一个好学生一定是在劳动中培养起来的,只有劳动才会得到你想要的东西。我衷心希望自己能在这次竞选中成为大家喜欢的劳动委员。可是,我也做好了落选心理准备,一旦落选,我也绝不气馁。因为生活之路、学习之路、幸福之路、成长之路、都需要在劳动中逐渐形成。

最后,我希望班级的所有同学都能投给我宝贵的一票。

谢谢!

竞选人:辛怀志

2000 年 7 月 30 日

十三、少年当努力,老来不悲伤

尊敬的老师,同学们:

大家好!我今天演讲的题目是"少年当努力,老来不悲伤"。

人生的时间非常有限,而在有限的时间里,我们又该怎样去努力,怎样去学习呢? 在这里,我想借助小说《钢铁是怎样炼成的》中的主人公保尔·柯察金说过的一句话来回答这个问题,他说:"人,最宝贵的是生命。生命属于我们只有一次。一个人的生命该这样度过:当他回首往事的时候,能够不为虚度年华而悔恨,不因碌碌无为而羞耻——这样,在临死的时候,他就能说:我整个的生命和全部的经历,都已献给了世界上最壮丽的事业——为人类的解放事业而斗争。"

可是我们正当年少之时,我们是否在想着自己每天应该怎样学习,怎样去实现自己的理想、实现自己的远大目标?

说得粗浅点,你不为祖国而学习,起码也应该为自己未来的生存和发展去追求、去学习呀!

有些同学把学习的时间放在网吧,放在那些无聊的电视,放在吃肯德基、玩卡通上面。亲爱的同学们,不知你们可曾想过,大好年华,

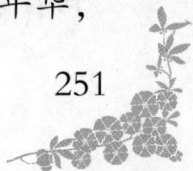

美丽的金子般的少年时光,就这样让你白白打发掉,难道你不觉得实在太可惜了吗?

同学们,千万不要让美丽的时光从我们身边悄悄地溜掉。今天过去了,你就再也找不回来这一天了。让我们共同努力吧! 让我们的少年时代活得更有追求、更有目标、更有理想吧! 让我们从心中真正树立起为祖国富强而学习的远大志向!

千万不要做"少壮不努力,老大徒伤悲"的少年人。

做"少壮当努力,老来不伤悲"的新中国的红色少年吧!

谢谢大家。

十四、人生难得几回搏

亲爱的老师、同学们,大家好!

金秋走进了教室,我也走进了教室。金秋为我们带来了丰收的喜悦,我在金秋里来参加一次班级的竞选。

今天,我站在这里是想给大家一个惊喜,参加班级学习委员的竞选。

几天来,我思前想后,今天终于站在这里。同学们,人生难得几回搏呀! 你不搏,你怎么知道自己不行? 你不搏,你怎么就给自己下了断言,认为你不能胜任学习委员这个为全班同学服务的光荣职务呢?!

刚才,在第三节课下课时,我在操场上听到有人说了这样一句话:"我才不稀罕这种只能暂时拥有,不能天长地久的学习委员竞选

呢！让学习委员竞选去见鬼吧！"

其实，我反对这种说法。曾经拥有又有什么不好呢？这说明，我们在人生的路上，有过一段美好的时光，这不是挺好的一件事吗？为什么非要天长地久呢？要知道，一个人不能总是坐在一个高高在上的位子上。能上能下，能为班级服务才是我们竞选学习委员的目的。能不能选上是一回事，可我相信，"贵在参与，锻炼自己"，这才是实实在在的一个重要过程。

我竞选的理由如下：

第一，我能管好自己，也能带动全班同学一块儿积极向上努力学习。

第二，我不追求学习委员的"权力"，只追求为全班同学热情服务的最高目标。

第三，我有听意见、听批评，团结大多数同学建设好班级学习目标和共同进步的信心和决心。

第四，只要我能竞选上学习委员，我要努力争取让自己的学习成绩在现有的基础上登上更高的一个台阶。

伟大的苏联作家高尔基说："一个人追求的目标越高，他的才力就发展得越快，对社会就越有益；我确信这也是一个真理"。我认为竞选学习委员是高尚的行为，也是实现一个人的抱负和理想的第一步。

最后，我想用一首小诗结束我的竞选演讲。

假如,我是一片白云,

同学们就是我的蓝天。

假如,我是一条小溪,

班级,就是小溪的源。

假如,我是一粒种子,

同学们就是我生长的泥土。

假如,我是一个硕大的果实,

老师就是我成长的园丁。

同学们,请投我一票吧!我决不会辜负大家对我的期望,我自信这一票将是鼓励我成为一个好的学习委员的开始。

谢谢。

十五、长大后我也要当一名人民教师

亲爱的老师、同学们,大家好!我今天演讲的题目是"长大后我也要当一名人民教师"。

当一名人民教师是我的愿望,当一名人民教师是我终生不悔的追求。

同学们,我们的知识是谁给的?当然是老师。我们的学问是从哪得到的?答案依然是老师。有人说,教师的事业是伟大的;有人说,教师的工作是平凡的;也有人说,"家有二斗粮,不当孩子王"。三尺讲台,一块黑板,一支教鞭,这就是每一个教师的战斗武器。俗话说:"工

欲善其事,必先利其器。"而我们的老师一年 365 天都在磨砺着这把利器。有了这把利器,他不但能雕琢出精美的玉器,他还能化腐朽为神奇。从古至今,这样的范例不胜枚举。

有一首歌教我很受感动。正是因为这首歌,我想要成为一名新世纪的人民教师。我嗓子不怎么好,我的声音也不像歌唱家那么圆润甜美。可是,今天在这里,我还是想要当着同学们的面再唱上一遍。每唱一遍,我都会有新的认识和新的感受。

(充满激情地歌唱)"小时候,我以为你很美丽,领着一群小鸟飞来飞去。小时候,我以为你很神气,说上一句话也惊天动地。长大后,我就成了你。才知道那间教室放飞的是希望,守巢的总是你。长大后,我就成了你,才知道那块黑板写下的是真理,擦去的是功利。"

我知道,教师的工作是付出的多、清苦的多。在改革开放的年代里,教师的地位虽然有所提高,可是要和那些经商者去比还相差甚远。有些同学虽然走进了学校,可他们却又远离了教育。我们不能不看到教师的事业是伟大的,因为教育能够给人带来知识上的富有、精神上的富足、心灵上的富丽。

老师这个名字虽然很平凡,可就是在这个平凡的名字后面,蕴含着非常深刻的内涵。

下面,我想用自己创作的一首小诗,来作为这次演讲的结束语。

我愿

我愿做一个园丁,

为百花来浇水。

我愿做一支蜡烛,

燃亮理想的芳菲。

我愿做一只小船,

摆渡求学之子。

我愿做一名人民教师,

用知识把每个学生的心灵打扮得更美。

为实现这个理想,我会拼搏、努力、加油。为了这个信念我会终生坚持到底!

十六、残缺与完美

亲爱的老师、同学们:

大家好!我今天演讲的题目是"残缺与完美"。

什么是残缺,什么是完美?许多同学对此都有不同的看法。我认为,如果一个人虽然有着健全的肢体,却没有一个完美的人格,没有一个标准的做人的行为准则,没有起码的道德水准,没有文明礼貌的基本素质,那么这个健全的人不仅算不上完美,反而可以说他就是一个残缺的人。

而一个肢体残缺的人,如果他的精神世界是富足的,心灵的天地也是美好的,其人品又能自成一格,他就可以称得上是一个健全而又

完美的人。说到这里，我想给大家讲一个让人心动的故事。

那是我在电视里看到的一个女孩。她为了寻找一个健全和理想的人生，只身闯进了北京城。她带着一把轮椅，从东北出发，走到了北京的街头。这个女孩，追求精神上的充实富足，却不企望物质的满足。为了歌唱，她走进了歌厅，住在了歌厅。一日一餐，那带着西北风味的兰州拉面就是她的盛筵。为了歌唱，在身无半分钱的时候，她又走进了北京的地铁车站。在那川流不息的人群中，她放开歌喉唱了500多个日日夜夜。当人们深夜入睡酣梦四起的时候。这个女孩，就对着南池子的长椅倾诉自己的故事，每天都要和夜空中的星星对上一次话。这个有肢体残缺的女孩，最终被一位艺术家发现了，她的人生道路从此改变，她的生活渐渐地变得五彩斑斓起来。她的微笑比花儿更灿烂。

故事讲到这，我要说，这个女孩不仅不残缺，反而更完美。她的完美，就在于她对人生的执着追求和对未来的憧憬向往。她所克服的困难都是常人和一个健全人都难能克服的困难。听到这，我们大家又怎能不为她的故事而感动和落泪呢？

同学们，在人生的路上，我们如果不注意提高自己的文化素质和对人格的塑造，即使你有着健全的肢体，你的思想却是残缺的。让我们在少年时代把握住一切可以完美自己的东西吧！只要有追求，我们都会有一个自己的美丽人生。

第五章 寓言故事篇

第一节 寓言故事演讲理论

寓言是中国文学和世界文学宝库中的艺术珍品。也是古老的文学样式之一。无论是中国寓言还是外国寓言,都具有鲜明的哲理性和讽刺性。中国寓言在春秋战国时期就广为流传。外国的寓言也有着比较悠久的历史。中外寓言早期都在广大群众之中口头流传。寓言在民间享有盛誉。寓言也像民间故事、轶闻、传说、中外典故一样,形成了最初的口头文学,影响着人们对生活的态度。

口口相传的寓言,自然是以演讲寓言的人的口才和故事的内容来吸引听众的。口才的好与差对寓言作品的影响力有着不可低估的作用。会用口才的人,能把一个篇幅短小的寓言故事讲得绘声绘色。而不善演讲寓言故事,口才又笨拙的人,自然就会在演讲中很难感染

听众。口才是演讲好一篇寓言故事的基础。口才也需要在演讲寓言故事的过程中进行不断地实践、训练、检验。

寓言在创作上常以夸张和拟人手法来表现作品的内容，这样就给了孩子们一种用口才来进行拟人和夸张式的寓言演讲的机会。通过不断地训练和培训，可以使孩子们的口才找到一种锻炼的机会。无论是讲中国的寓言还是外国的寓言，除了能够使少年儿童得到口才的锻炼，还能够让他们在演讲的过程中慢慢体会和了解到寓言是借古说今、借小说大、借事说人、借人说理、借生活说经验、借鸟兽说做人等人类值得学习和借鉴的一种道理和经验。寓言给人以启示，也是一份极其宝贵的传统文化遗产，价值很大。

一、少儿寓言作品的选择

为了提高当代少年儿童的表达能力和演讲寓言故事的水平。我们应该在选择寓言作品时，像选择适合少年儿童的儿童诗、儿童成语、儿童故事、儿童散文、儿童歇后语、儿童快板、儿童歌曲那样来为孩子们选择适合他们朗诵的少儿寓言作品，使他们可以从中感受到学习的那种乐趣。

1.以小见大

为了让孩子们的口才能够得到很好的训练，我们在选择让孩子练习的寓言作品的时候，要尽量选择那些小作品、小故事，选择结构简单、情节紧凑、语言精练的寓言。像中国古代的寓言《守株待兔》、外

国的寓言《狐狸和葡萄》等,仅用四、五十字或一百多字就能把故事讲完,孩子也能复述明白,从中还能弄懂一件事和一个道理。这样的寓言就值得参考和借鉴。这种看似很小的寓言故事,不但能给孩子们带来极大的乐趣、启迪和收获,还能使正在学习这方面知识的儿童们的口才得到极大的锻炼和发展。寓言《守株待兔》虽然短小,但却可以让读者通过这个小故事知道,宋国的农民偶然发现一只兔子撞死在地头的树桩上,使他放弃劳动,想不劳而获,最后成为一个笑话在人们中间传开。寓言故事虽小,却让孩子们懂得了在生活中有些偶然发生的事情和必然没有任何联系。更重要的是,《守株待兔》这个寓言让孩子们懂得了想要有大的成就或者做出大事来,一定要经过自己的艰苦努力才能实现,抱侥幸心理取胜的事情是万万做不得的。做任何事情都不能墨守成规、一成不变,学会变通才是最重要的事情。而《狐狸和葡萄》这样的寓言故事,会让孩子们懂得一个道理,那就是自己如果能力小或者根本没有能力,即够不着葡萄,还说葡萄是酸的人,一辈子也成不了大器。小故事讲出了一个大道理,这就是小与大的辩证关系所在。这种以小见大的作品,正是少年儿童在生活和学习与成长中所迫切需要学习的。

2.以少胜多

我常常在某些场合见到一些孩子当众讲故事、背诗歌、说寓言,说了一个又一个,讲了一个又一个。在场的听众碍于面子不得不应付

其家长，对这个讲寓言的孩子的夸赞也是言不由衷。

其实，毛病出在家长身上。许多人恨不得让自己的孩子在一夜之间就能背上几百首诗歌、学会几十个寓言。另外，还有一种攀比心理，家长总想让孩子会的东西多。会的东西多本身不是什么坏事情，但是要看最后的结果如何。结果不好，会的东西再多也是等于零。

我们认为，在鼓励孩子学习寓言故事的同时，不要贪多，要追求"以少胜多"。这是什么意思呢？这就是说，有的孩子可能在别人面前讲十个寓言故事，你只能讲一个寓言故事，可这个故事却讲得字字清晰、句句明白、有情有景、有声有色，让这个寓言走到哪、讲到哪，讲到哪、红到哪。在寓言的重复讲述中，会让讲故事的孩子真正地体会他所讲的寓言故事的内容，让所有听到这个孩子讲这个寓言故事时都会打从心底里发出一声感叹，由衷地问一声家长："你的孩子怎么说话这么清楚、故事讲得这么生动？你是怎样培养自己的孩子的？是孩子先天有天赋，还是对孩子的后天培养？"俗话说："吃多了嚼不烂。"这就是以少胜多的原理。

3.以精见良

精良精良，不精就看不到良。

要想让孩子把寓言故事讲精良，除了上面谈到的两点，讲精、学精、用精是关键。首先，口才要精。也就是孩子说话要干净利索。让孩子在讲寓言故事的时候，尽量要声音响亮、吐字清晰。除了能够把故

事背诵下来，还要把这篇寓言的全文慢慢读通、读顺、读懂、读精，知道这篇寓言故事讲的是什么，主题是什么，读后又会从中得到哪些体会和感悟。

初讲可以是粗线条的，再讲要精细一些。经过一段时间的反复练习，要把有关的重点字、句、段落一一弄明白。要讲得让人听后不说拍案叫好，也要说句"讲得实在好听"。

这里的精字，是说讲的时候要有精气神，要精道，还要选精寓言作品。因为有的寓言适合孩子们讲，有的就不适合。比如像《愚公移山》这种寓言故事，就可以让孩子知道不能做温室里边的花朵，要做翱翔蓝天的雄鹰，从小树立起远大抱负和宏伟志向，敢于面对困难、战胜困难。这就是我们要在寓言故事当中把那些经典故事拿出来让孩子去读、去了解故事内容、情节的原因。这种精良的寓言故事会给孩子带来一生的榜样和力量。

4.以情见长

少年儿童的童情是我们必须了解和理解的。我们要寻找一些有情感，适合童情、童趣、童味的寓言。

孩子不仅喜欢大自然中的太阳、云彩、蓝天、大树、鲜花、各种动物与小鸟，还喜欢那些与他们的生活能够发生一些联系的寓言故事，比如我们许多成年人从小就听惯了的《猴子捞月亮》《小猫钓鱼》《狐假虎威》等一些以情趣见长的寓言故事。这些故事既有趣，又有味，更

有情。这个情是说孩子们的那种烂漫天真的童情。在《猴子捞月亮》的故事中,孩子们很快就能入情。想到一群猴子手牵手、脚钩着脚,一个抓住一个地倒挂在树上、悬在空中,不停地用手去捞水里的那个月亮,这个故事本身就很有情趣。有情趣的寓言孩子们自然就爱讲。而且小猴子那种天真活泼、烂漫爱动的做法,和孩子们的情绪极为相似。小猴子的通人性,是孩子们最喜欢的一点。这样的寓言充满了传奇的色彩,孩子们又怎能不喜欢、不动情呢?带着这种喜欢小猴子的情感,让孩子们去讲这个看似荒唐、滑稽可笑的"捞月亮"的故事,不正是少年儿童的情致所在吗?

二、寓言朗诵(读)中的声音和激情

朗读寓言的难度不亚于朗读诗歌、散文、小说。怎样才能使少年儿童在朗读寓言时,把一篇篇幅短、内容好、文字少、故事又很吸引读者的寓言,用自己的口才把它读诵得既能感动听众,又能打动自己呢?那就必须要在朗读或朗诵中保持一种声音的激情。没有声音的激情,不但不能感染听众,也同样打动不了自己。

1.声音激情是朗诵(读)寓言的灵魂

文学作者使用文字来创作寓言作品,文字是"武器"。而创作中的激情,则是创作者的灵魂。

朗诵者运用声音来表现作品,对朗诵者来说,声音是"武器"。而朗读中的激情,却是朗读者的灵魂。

寓言的文字作者是用文字和语言来唤醒读者。寓言的朗诵者则是通过声音和激情来把无声的文字变得鲜活感人，让听众在聆听中展开想象。寓言朗诵应该比无声的文字更有魅力，更有感染力，更有形象感，更有立体感。

用声音和激情去朗诵寓言同默读寓言作品显然是两种不同的效果。有声音带激情的朗诵读，不但可以感动自己，而且也会感动听众。大声地朗诵（读）寓言会让孩子在心里产生一种共鸣。把无声文字，通过有形象的声音变成活文字，还能够给朗诵（读）者和听众同时带来愉悦和快感。即使诵读出来的声音尚不完美，但也依然可以使人从中感受到由大声朗诵（读）寓言所激发出来的心底情感是怎样的一种美。俗话说得好："三分文字，七分诵读。"

其实，朗诵（读）寓言本身对朗诵（读）者来说也是一种艺术上的再创造。无论孩子们的知识储备、文化水平、理解能力是怎样的，在朗诵（读）中他们都会在某种不同的程度上，把作品用声音和激情表现出来。有的可能是依照文字照葫芦画瓢地去朗诵（读），有的可能会把某一段落朗诵（读）得很好，也有的可能会把一篇寓言绘声绘色地朗诵（读）出来。可是，由于孩子们的天性不同，他们对寓言中的故事、内容、情节、细节以及人物语言的处理的也不尽相同。我们不能让孩子在朗诵（读）时只把文字照本宣科地念出来就算完事了。教师的任务是启发、诱导、帮助他们，把纸上的文字化作有声音、有色彩、有感情、

有魅力的有声语言，这样不但提高了孩子们的朗读水平和口才，也会慢慢提升他们对作品的分析能力、理解能力和感悟能力。

我们应该认识到激情是朗诵(读)寓言的桥梁。没有这个桥梁，寓言的朗诵(读)就很难成功。那么，怎么样才能给孩子们搭上这座激情的桥梁呢？有以下几点需要我们来和孩子们共同完成。

第一，我们要和孩子们一起学习和朗读这篇寓言。学习的方式可以是教师先朗读一遍，然后再由学生来朗读一遍。在朗读寓言时，教师要投入自己的情感，为学生起到榜样和示范作用。要知道，有投入感情的朗读和无感情的朗读，会产生截然不同效果。有感情的朗读，不但你自己爱听，孩子也爱听。一旦在朗读中投入了自己的真情实感，当你被感动时，孩子也会被感动。开始可以每天或一星期乃至一个月，选读一篇孩子感兴趣的寓言。

第二，可以应该运用一种分句、分段的方法来朗读。先诵读上半段，然后再让孩子诵读下半段。也可以调换过来，让孩子先诵读上半段，我们来诵读下半段。朗读中可以比一比谁的声音大，谁念的字准确，谁的节奏把握得好，谁的声音念出来好听。以上这些看似简单，可真正做好又是很不容易的，因此，教师一定要使用规范的声音、语言、情感来朗读寓言，进行授课。这样长期坚持下去，才能把这篇寓言朗读好。

第三，可以让孩们分角色来朗读寓言。有的寓言有人物、有形象，

有的寓言不是直接写人而是写动物。不管是写人还是写动物，我们都应把寓言故事里的人和动物当成一种角色来对待。这样做有许多好处。比如朗读寓言《狼和小羊》时，在"狼"和"羊"这两个不同的角色的转换中，通过声音的化妆和造型，可以使孩子慢慢认识和体会到狼的本性的残忍、凶狠，羊的善良、温顺。在两个不同的角色的语言对话诵读中，还可以让少年儿童慢慢地理解到，写动物的寓言作品实质上是借用和假托动物的行动，别有所指地说出我们人类生活中存在的种种现象和问题。让孩子们在朗读中慢慢地体会到什么叫作"残忍"和"凶狠"，什么是"善良"和"正直"。声音化妆造型的另一个好处是可以让孩子们学习和模仿两种或多种不同的声音。经过培训，这种声音一旦化妆造型成功，孩子们会有一种自我满足感。化妆声音中还能融进一些表演元素和表情动作。如果能够长期坚持训练下去，还会增添孩子们的审美情趣，同时也增加了他们学习寓言和创造角色的快乐感。

2.用声音激情创造寓言中的角色

寓言大多借助一个虚拟的故事，形象地道出某种人、某种思想、某种生活经验，让诵读者和听众从中体悟一种道理，受到一种教育，得到一种启迪。由于许多寓言以拟人化或人格化了的动物作为寓言故事中的主人公，这就决定了寓言中的角色可以是某一类型的人物，也可以是具有人格化特点的动物和植物。角色在寓言中会引起孩子们进行艺术创造的一种兴趣。像《乌鸦和狐狸》《狼和小羊》《狼和狗》

266

《乌龟和兔子》《狐假虎威》这些动物形象,在诵读中都给孩子们留下了难忘的印象。如乌鸦的好虚荣、狐狸的狡猾、狼的贪婪、小羊的善良、乌龟的执着、兔子的胆小,这些动物的特性,正好说明了人类中某些人的缺欠和不足。同时,孩子们通过诵读寓言故事,借助故事里的不同形象来为自己创造角色,会感到一种极大的快乐。这种快乐常常会为我们的成人所忽视。

(1)弄懂寓意,酝酿角色。

在运用声音激情创造寓言故事里的角色时,要先弄懂这篇寓言的寓意。也就是说,要知道这篇寓言的寓意究竟是什么,它寓在何方、意在何处? 还要了解和知道这篇寓言说的是什么事,讲的是怎样一个道理。这篇寓言象征着什么,哪些是我们应该吸取的经验,哪些是我们应该记住的教训? 主题是什么? 寓言中的人物——角色都是怎样的一种人,怎样的一种性格? 矛盾在何处? 冲突在哪里? 真正弄懂了寓言的深刻的寓意,经过一段时间的酝酿之后,我们再去创造角色。只有这样,孩子们才能把寓言中的角色创造好。不弄懂寓言的寓意是什么,就找不到或者说根本无法找到创造角色的办法。

(2)适度夸张,创造角色。

寓言作者借助短文, 在篇幅很小的寓言中通过一段故事和几个人物,在寓言表明一种思想,阐述一个道理。作者常常运用夸张的语言和创作手法来突出某种人物、动物、植物的形象和特征。不管怎样

的夸张,作者都始终把创作的基点放在生活的基础之上。那么,根据这个创作原则,我们让孩子自己诵读寓言创造角色时,也要以适度夸张的创作方法来进行寓言故事中的角色创造,把握住创造角色时的激情。也就是说,要控制好激情。比如寓言《狼和小羊》的角色创造,一是要用声音和情感,二是要夸张不过火,三是角色语言要适度。在诵读时,孩子们要用自己的声音把小羊单纯、善良、温顺的人物性格表现出来,还要把狼蛮横、残暴、凶狠的性格表现出来。通过一善一恶的对比,角色的形象自然就会显露出来。在用声音和激情去创造小羊和狼这两个角色时,一定要把握住小羊是怎样的一种性格,还要把握住狼是怎样的一种性格。不能把小羊表现得过于软弱,小羊是为了维护自己的权益,才说出寓言中的那些话语的。也不能把狼的角色,表现成一只狗,要把狼总是要吃人的本性淋漓尽致地刻画出来。羊总是羊,狼就是狼。

(3)突出个性,表现角色。

什么叫突出个性,表现角色?

在寓言的字里行间,词与词的中间,句与句子的链接上,我们都要给角色设定一个个性突出表现角色,符合寓言中角色的身份的个性化的语言和声音,使角色富有个性色彩。这里,我们不妨以寓言《狼和小羊》为例。在诵读时,我们要把小羊的语言化成一种人物即角色的语言,那就应该让小羊说话时要软软的、柔柔的、甜甜的。让狼说话

时的语言要凶、要狠、要恶、要横。这样，两个角色的个性都会突出地表现出来。角色鲜明、语言特点突出，形象自然也就立起来了。

小羊的说话声音和语气要在诵读中一下就能让听众听出小羊即角色本身所独有的声音。它不能让听众感到是梅花鹿、獐子、狍子、长颈鹿等性格较为温顺的动物的声音形象，也不能是斑马、犀牛、小白兔的声音形象，而应该是一般人一听就能辨认清的小羊的角色声音。对此，一定要下苦功夫练习才行。

而狼的说话语气和声音在诵读中自然要和小羊要有很大的区别。不同的物种有不同的生活习性，所以不能把狼的声音和语气变成狗、虎、豹、狮子等不符合人物(角色)身份的动物来表现角色。

朗读寓言不能像朗读散文那样去诵读。要把握好寓言诵读的特点。散文是抒情写景，寓言是写人和各种生物、动物。而正是因为寓言中要表现的是各种动物、植物和无声的物种，所以我们的诵读者就要用有声语言和声音上的力量把无生命的文字变成有生命的角色。不管是诵读寓言中的动物还是植物，都要让每个诵读的儿童懂得或者知道当自己朗诵到角色的语言时，一定要注意突出和表现出角色的个性来。只有诵读出角色的个性，才能有一种收获感、成就感。这种独特的第二课堂的艺术朗诵体验，在第一课堂是很难找得到的。用寓言诵读锻炼少年儿童的口才，不但会开启儿童的心智，而且还可以让每个孩子都找到一种在第一课堂所找不到的自信。

三、寓言故事演讲技巧与方法

寓言故事采用以小见大、以浅寓深、以物寓人和以事明理的创作方法来向世人说明深刻的道理。寓言故事和童话故事又多以动植物(即鸟兽鱼虫和花草树木)为其创作前提,通过它们之间发生的各种各样的故事,包括矛盾、纠葛、冲突、斗争,来表现出人类的"真""善""美"与"假""恶""丑"。寓言故事和童话故事的演讲力量不亚于看一部动画片、读一本书籍、观看一部电视剧、欣赏一出儿童话剧。

因此, 在寓言故事和童话故事演讲中就要掌握演讲的方法与技巧,即在熟读的基础上,一是要找出角色的不同语言表现方法来;二是语言要夸张、动作要夸张、表演要夸张,这种夸张力求真实、自然,不矫揉造作、不拿腔拿调,不要有拙劣的表演痕迹,要形之于声;三是要充分运用语言来塑造每个人物;四是要把故事的主题突出出来;五是要正确地表达出寓言故事中人物的思想感情; 六是要在演讲中把褒贬的情感充分表现出来;七是要注意感受作品中的人物关系、细节和情节的作用,要明确人物的性别、年龄、体态、样貌以及对肢体动作的运用。同时,还要能够设计和想象出用哪种肢体动作转换角色更合适,是高是低、是轻是重、是缓是急等等。然后,还要用语音和声音来强化角色和人物形象。把语言和声音处理得越细腻,在表现人物的个性的时候才会更具体、更生动、更传神。

第二节　寓言故事演讲训练

一、狼和小羊羔

有一次,狼和小羊羔碰巧都在小河边饮水。狼在河的上游,小羊羔在下游很远的地方。

狼发现了这只小羊羔,老远就喊道:"你为什么弄脏了我喝的水?"

"那怎么可能?"小羊羔解释说,"你是在上游喝水,我怎么会弄脏你喝的水呢?应该说是你弄脏了我的水。"

"什么!"狼叫道,"你倒敢教训我来了?"

"谁教训你了?"

"好呀!"狼说,"六个月前,你的父亲也是这样对待我的。"

"怎么?"小羊羔反问,"难道我得为我父亲所干的事负责?"

"反正你也啃坏过我的草地和庄稼。"

"这怎么可能?我还没长牙齿呢!"

"这——"狼无言对答,只好说,"你还敢这么顶撞我,今天就教你尝尝我的厉害。"说着,狼扑了上去,杀死了这只无辜的小羊羔,把它吞吃了。

二、狐假虎威

老虎在森林中捉住一只狐狸，便要吃了它。狡猾的狐狸对老虎说："我是天帝派到森林里来做兽王的，你可不能吃我。"

老虎看狐狸是这么个小家伙，着实有些不相信。

狐狸说："你如果不相信，那么，你就跟我到林子里去走一遭，看野兽们见我怕不怕。"

老虎同意了。

狐狸走在前面，老虎紧紧地跟着，一路走去。

森林中的野兽，看见老虎来了，都吓得拼命地逃跑。狐狸便得意洋洋地对老虎说："你看，谁不怕我？"

老虎说："是啦，你的威风真不小，它们看见你，真的一下子都跑掉了。"

三、乌鸦与狐狸

上帝不知怎么的赏给乌鸦一小块乳酪。乌鸦躲到一棵枞树上。它好像已经安顿下来，准备享受它的口福了，然而，它嘴巴半开半闭的，含着那一小块美味的东西沉思默想。

不幸这时候跑来了一只狐狸，一阵香味立刻使狐狸停下了脚步，它瞧瞧乳酪，舔舔嘴巴。这坏东西踮起脚尖偷偷走近枞树，它卷起尾巴，目不转睛地瞅着，它那么柔和地说话，一个字一个字都是细声细气的："你是多么美丽啊，逗人喜爱的鸟！那颈子，唷，那眼睛，美丽得

像个天堂的梦！而且,这是怎样的羽毛,怎样的嘴巴哪！只要你开口,一定是天使的声音。唱吧,亲爱的,别害臊！啊,小妹妹,说实话,你出落得这样的美丽迷人,要是唱得同样的美丽迷人,在鸟类之中,你就是令人拜倒的皇后了！"

那傻东西被狐狸的赞美搞得昏头昏脑,它高兴得连气也透不过来。它听从狐狸的柔声劝诱,提高嗓门儿,尽乌鸦之所能,叫出了刺耳的声调。

乳酪掉下去了！——乳酪和狐狸没了影儿了。

四、岔路

有一天,杨子的一家邻居,跑掉了一只羊。

邻居已经发动了所有的亲属去追寻,又去请杨子家的仆人来帮忙找羊。

杨子知道了这回事,叹口气说:"咦！只跑掉一只羊,为什么弄了这么多的人去追寻！"

邻居回答:"岔路太多,所以追的人也就该多一些。"

等了一会,找羊的人都回来了。

杨子问他的邻居:"你家的羊,找到了么？"

邻居丧气地摇摇头,说:"不见了,跑掉了。"

杨子又问:"怎么会让它跑掉了呢？"

邻居回答说:"岔路太多,每条岔路上又有岔路,不知道它到底跑

往哪一条路上去了。找羊的人没办法，只得回来了。"

为了这事，杨子受了很大的刺激，沉默了好久，整天的不露笑容。他的学生便问他："走失一只羊，又不是大事，而且也不是你的，为什么这么闷闷不乐呢？"

杨子说："不是为了这个，我是因为联想到我们的求学。假使我们求学的人，也是东抓一把，西抓一把，不肯专心一致，也会像在岔路上寻羊一样，结果就会一无所得！"

五、狐狸和葡萄园

有只狐狸来到一座葡萄园前。只见园中葡萄垂挂，琳琅满目。可是葡萄园的四周围着重重的篱笆。狐狸围着葡萄园转来转去，终于在篱笆底下发现了一个洞。它拼命地想朝里钻，可是这个洞实在太小了，几乎连脑袋都钻不进去。狐狸气急败坏地拼命往里挤呀，钻呀。再次钻呀，挤呀——仍是白费劲！狐狸只好自言自语道："哎，要是我能变得瘦一些，就能钻进这个洞了。"

于是，狐狸开始不吃不喝。饿了三天以后，它真的变得瘦多了，那胳膊已细得像根脱皮的小木棍。它高高兴兴地重新来到葡萄园，再次往那个小洞里挤。这次总算让它侥幸地进入了葡萄园，狐狸拼命地大吃起来，好好地补偿了挨饿的痛苦。它在葡萄园里尽情地享受，过得非常痛快。

收获葡萄的季节临近了，狐狸担心会被葡萄园的主人发现。它走

到洞口,想重新从洞里逃出去。可是你瞧:它刚好只能将脑袋钻过去。这几天,它的身体又变胖了,以致无论怎么使劲,也钻不出去啦。狐狸伤心地缩回脑袋,只好决心重新开始不吃不喝。它一直饿到终于像钻进洞来的时候那么瘦了,这才逃出葡萄园。狐狸钻到外面,忧伤地朝葡萄园望了最后一眼,叹息说:"再见吧,再也别想见到我了!你尽管有那么甜蜜的果实,但对我又有什么好处呢?我出来时还是同进去时一样的消瘦。"

饿得骨瘦淋漓的狐狸,头也不回,伤心地离开了葡萄园。

六、扁鹊治病

蔡国有个著名的医生,名叫扁鹊。有一天,他去见蔡桓王。扁鹊告诉他说:"大王,据我看来,你已经得了病。不过,不打紧,你的病在皮肤里,经过医治,便会好的。如果不医治呢,怕会慢慢重起来。"

桓王说:"我的身体很好,什么病也没有。"

扁鹊看他很固执,也不再说了。

扁鹊走后,桓王冷笑着说:"这些做医生的,大病治不了,只会医那些没有病的人。医治有病的人,才容易显示自己的手段高明。"

隔了十几天,扁鹊又去看桓王,再对桓王说:"你的病,现在已经在皮肤和肌肉之间,再不医治,慢慢地会变得更厉害。"

桓王听了很不高兴,没有理睬他。扁鹊也就退了出来。

过了十来天,扁鹊又去见桓王,说道:"你的病已经从肌肉流到了

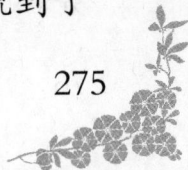

血脉里去了。"

桓王还是不理睬他。

再隔十来天，扁鹊又去看桓王，告诉他说："你的病，现在已经从血脉到了肠胃。再不医治，将更严重了。"

桓王听了十分不高兴，闷声不响。扁鹊又不得不退了出来。

又隔了十几天，扁鹊碰见了桓王，留神地看了他几眼，然后就跑了，桓王觉得他这种举动很奇怪，特地派人去问他："扁鹊，你这次见了大王，为什么一声不响，偷偷地跑掉？"

扁鹊说："一个人生了病，病在皮肤、血脉、肠胃的时候，都有办法可以医好，到了骨髓，就难下手了。现在大王的病，已经入了骨髓，我还有什么法子医治呢！"

五天后，桓王遍体疼痛，派人去请扁鹊来给他治病。扁鹊早知道桓王定要请他的，先几天就跑到秦国去了。

七、狼和小羊

剧中人：故事讲解人(可由学员扮演)，小羊(可由女孩扮演)，灰狼(可由男孩扮演)

时间：盛夏

地点：长满绿色青草的小河边。旁边有个枯树墩。

幕启：故事讲解人身穿一套非常漂亮的服装，面带微笑，脚步十分轻快地上场。

故事讲解人：亲爱的观众们，大家好！今天，我来给大家讲一个故事。这个故事的名字叫作《狼和小羊》。

在一个盛夏的日子里，天是那么的蓝，云是那么的白，太阳是那么的温暖，花儿是那么的美丽，小草是那么的嫩绿。在远处的树林里，传来各种小鸟的叫声。那声音听起来真是美极了。这里的景色有多迷人啊！可是，就是在这种很美很美的景色里，却发生了一件令人难忘的事情。一只灰狼向小河边走来。

灰狼：(头上扎系一条白色纱巾，手拿一个带奶嘴的奶瓶)小羊儿乖乖，把门儿开开，妈妈回来给你喂奶。(继续重复唱)小羊儿乖乖，把门儿开开，妈妈回来给你喂奶。这些该死的羊，现在要比过去聪明好几倍。不管我怎么唱这支在狼和羊群里流传甚广的"小羊儿乖乖"的歌儿，这些羊就是不给我开门。哎，(坐到树墩上)有啥法子。今天我要再找不到吃的，那就非饿死在这儿不可。

故事讲解人：这条大灰狼看来已经到了山穷水尽的地步了，忽然，它好像想起了什么。

灰狼：这穷人不死，早晚有救。哎，有一次，我听大象和狮子闲聊，说是森林里的所有动物都必须找食物吃。我听大象说要是到了冬天没有足够的食物吃，这身体没有热量，就必死无疑。只有大黑熊，不吃不喝，就能度过冬天。(对观众)你知道它吃什么吗？对！舔熊掌。算你猜着了。

故事讲解人：看来这只灰狼也想舔舔自己的狼掌了。我们拭目以待，看它是怎么舔自己的狼掌的吧。哎，说到这，我倒想给下面的小观众提个问题。熊舔自己的脚掌可以过冬。那么，狼舔自己的脚掌能不能解饿呢？哪个小朋友能回答这个问题？为什么能？好，下面我们再请一个小朋友来回答这个问题。为什么不能？一个说能解饿，一个说不能解饿。那么究竟能与不能，还是看狼的表演吧。

灰狼：(舔左脚掌)呸、呸、呸——这左脚掌怎么一股臭味。(舔右脚掌)呸、呸、呸——这右脚上怎么一股鸡粪味。

故事讲解人：灰狼赶紧跑到小河边，它趴在河床上把头伸向水里，不停地漱口，想把嘴里的怪味漱掉。

(灰狼做喝水漱口的表演动作)

故事讲解人：突然，这只大灰狼好像是发现了什么。

灰狼：哈哈哈……这可真是"踏破铁鞋无觅处，得来全不费工夫。"哈哈哈……

故事讲解人：灰狼笑什么呢？它饿得已经快不行了，为什么还要笑呢？原来远处有一只小羊朝河这边走来。那么，这只小羊会不会被狼吃掉呢？现在我们谁也无法猜得到。

小羊：咩、咩、咩。白色云朵像绵羊，和我长的一个样。我在山坡吃青草，它在天上飘呀飘。这天可真热。吃了一顿肥美的青草，只觉得口渴，所以我便到这小河边来解渴。(走到河边欲喝水时，看见了一只小

蜜蜂)喂,小蜜蜂,你这是要到哪去呀?

故事讲解人:蜜蜂可没有小羊那么自在,它每天要往返很远很远的路程,采集各种花粉,然后还得酿蜜。这时,小羊看见了一只花蝴蝶。

小羊:花蝴蝶,你这是要到哪去呀?

故事讲解人:花蝴蝶也有自己的任务。小羊见这两只小昆虫谁都不理睬自己,于是又想起口渴要喝水的事。

小羊:啊,这河水可真清呀。

灰狼:你是谁? 为什么到这来?

小羊:我叫小羊,是从山坡那边来的,我到这里来是想……

灰狼:想干什么?

小羊:想喝一口水。

灰狼:哼哼哼 ,想喝水? 你知道这是谁的地盘吗?

小羊:(摇头)不知道

灰狼:连谁的地盘都不知道就想喝水,我看你的胆子未免也太大了。

小羊:我从小长这么大,一直就喝这条河里的水,可从来也没人问过我呀?

灰狼:今天就不行啦。

小羊:为什么?

灰狼:这属于我,归我管了。

小羊:那好吧,我再到别处找水喝。

灰狼:站住!

小羊:您还有事吗?

灰狼:你刚刚把河里的水给搅浑了。你别想走。

小羊:我没有。为什么不能走?

灰狼:要走也不难,得留下点东西,我才能让你走。

小羊:什么东西?

灰狼:留下你的四只羊脚。

小羊:为什么?

灰狼:做一个补偿啊。

小羊:啊?(惊慌后退)

灰狼:另外,我还听说你在背后说过我的许多坏话?

小羊:没有,没有。我从来都不说谁的坏话呀。

灰狼:你和黄狗说,邻村的几只母鸡是我偷吃的?

小羊:不。我没说过。

灰狼:你还说我们狼家族里没有一只好狼?

小羊:不。我也没说过。

灰狼:你还说只要有狼的存在,这世界就很可怕,大家都会不安宁。这是不是你说的?

小羊:不、不、不,我什么都没说过。

灰狼:不管你怎么解释,今天你就别想在我这溜掉。(扑向小羊)

小羊:救命啊,救命啊!

故事讲解人:正当灰狼扑向小羊之时,远处的牧羊人用猎枪击中了灰狼。

灰狼:啊!(倒地)

故事讲解人:恶狼自有恶报。它终于倒在了牧羊人的猎枪下。同学们,这个故事给我们带来了一种什么样的启迪呢?大家可以各抒己见。好,今天的寓言故事剧场就演到这里,下次再见。

第三节 播音主持人节目训练

一、悠悠琴声写风流 全国戏曲展播节目(节选)

中央人民广播电台,这里是505空中大舞台《戏曲》栏目。现在是"昆仑矿泉杯"全国戏曲展播节目时间。

听众朋友,今天播送由哈尔滨人民广播电台编制的戏曲音乐专题《悠悠琴声写风流》,介绍宋士芳创作的京胡与乐队"梨园情"。

作曲配器:宋士芳、张鹰。

唱词:魏正元。

京胡演奏:宋士芳。

伴奏：黑龙江省歌舞剧院民乐团。

指挥：洪侠。

男：听，一把琴，酿出了生活美酒；一片情，似溪水在乐曲中畅流。操千曲，揉碎了三伏和三九；创新声，四十载苦苦追求。碎弓抖直了那风尘万里路；为时代添华彩；愿与琴声写风流。

女：一曲情意交融的声腔，道出了曲作者的心声。啊！辛酸、喜悦、痛苦、欢乐，在琴声中流淌。四十年的拼搏、求索，使宋士芳这个外柔内刚的出色琴师大器晚成。

男：黑龙江省京剧院京胡演奏家、国家一级琴师宋士芳，自幼酷爱演奏艺术。京胡对于他有着强烈的吸引力。他15岁考入黑龙江省少年京剧团，先后向马守惠、吴玉海、郇长苓、任志林等前辈琴师学习昆曲、京剧等音乐曲牌的伴奏。

女：数年后，当他在京剧伴奏的领域中已经突破了前辈的演奏成果时，又相继拜汪本贞、何顺信等中国京胡演奏名家为师。在大师们的精心指导下，宋士芳艺业大进，成为黑龙江舞台上伴奏琴师中的佼佼者。

【教学目的与训练提示】

1.本作品多次在中央人民广播电台的《505空中大舞台》中播放。为了感受有声语言的无穷魅力，丰富朗诵者内心的思想情感。特做节选进行练习。

2.朗诵时,语音要响亮、清晰、优美、字正腔圆,同时还要自然、生动、亲切、质朴。通过语音、语气、语速、语感、语势、语调和节奏的变化,把作品的文字美、音乐美、图画美、内容美,在朗诵中充分地表现出来。

二、艺海美珠·北国兰(节选)

哈尔滨人民广播电台,现在是戏曲专题节目时间。下面播送由本台采访和录制的录音专访《艺海美珠·北国兰》——访"小关肃霜"邢美珠。特邀撰稿:黑龙江省艺术研究所魏正元。

一

数九隆冬,塞外北国又披银装。

有"东方小巴黎"和"东方莫斯科"之称的哈尔滨,在这片银白的世界里,显得分外妖娆。

久别家乡父老兄弟姐妹的关派艺术传人"小关肃霜"邢美珠,自云南回归龙江沃土之后,便率领黑龙江省京剧院携关派名剧《铁弓缘》在北京城一炮打响,京城观众看后称赞她集旦行之大成,采生行之绝技,融花旦、青衣、小生、武生各种行当之精华。在展示唱、念、做、打全面功力的同时,她还以清新俏丽的唱腔、传神的表演,刻画出一位古代的女性形象。看过她的表演的观众都说,她是京剧界的"小关肃霜"。

二

邢美珠不仅擅演关派名剧,她演出的尚派(小云)名剧《乾坤福寿镜》也有自己的演唱艺术风格。尚派艺术的唱,讲究高昂挺拔;做,讲究豪爽洒脱;打,讲究勇猛火爆。常常是武中有文,文中有武。尚派戏,嗓子不好的演员唱不了,而光有一副好嗓子,武功不好,同样学不好尚派艺术。而邢美珠既具备以上的条件,同时又能在演唱尚派剧目和唱腔时,把尚派那挺拔高昂、高低错落有致、婉转多变、棱角分明的艺术特点表现出来。让观众听后,颇有荡气回肠之感。

三

艺海中,她泛舟求索。舞台上,她千锤百炼。生活里,她以诚待人,宽容谦和。难怪有人说,从她身上看不出骄气,找不到傲气,闻不到俗气。但完全可以在她身上找到那种对艺术的热爱和追求。在生活中,可以看到她待人的和气,处事的大气,和一个共产党员的一身凛凛正气。

当邢美珠去香港演出一炮走红时,立刻就有人主动找上门来并劝说,让她以去美国讲学的身份为名,然后再前往中国台湾。可她并不为金钱所动,更不愿意为了名利而丧失一个真正的艺术家的追求。

四

听众朋友们,以上我们对邢美珠的采访和她演唱的京剧唱段进行了播放。

在本次节目结束之前,我们祝愿"小关肃霜"这株北国之兰,在艺术上能够开出更加绚丽的花朵,结出更新更美丽的艺术硕果。

下面,就让我们用一首小诗来结束本次的戏曲专题节目。

艺海美珠北国兰,

关派传人艺精湛。

继承创新探新路,

艺海泛舟不畏艰。

改革发展《玉堂春》,

又塑女帝《武则天》。

《白蛇传》里出新意,

《破洪州》中换新颜。

"尚派"《乾坤福寿镜》,

"关派"继承《铁弓缘》。

伯乐荐师《凤凰错》(伯乐指著名京剧表演艺术家厉慧良),

唱红《吕布与貂蝉》。

黑土地上开新花,

风格别样《梦断关山》。

好,听众朋友,这次节目就播送到这里,咱们下次节目再见。

三、走出黑土地的京胡演奏家宋士芳(节选)

一

奔腾戛然而止的音乐凝固了北京音乐厅里的空气。观众的心随着音乐节拍的结束而收缩着，继而又鲜活地在人们胸膛里兴奋地激越跳动。此时，一位身着白色西装，相貌可人的京胡演奏家——宋士芳，走向舞台的正中向狂热的京胡爱好者和音乐爱好者们频频鞠躬谢幕。暴风雨般的掌声炸开了北京音乐厅里凝固的空气。一束束飘着香气的鲜花送入到这位身着笔挺白色西服的京胡演奏家——宋士芳的怀中。

有人说，黑龙江的戏剧和音乐创作在艺术上是一个又一个丰收年。还有人说，龙江的"黑旋风"艺术为中国文艺舞台带来了生机盎然和百花盛开的春天。

宋士芳的京胡独奏音乐会的成功绝非偶然。这是他多年来在舞台艺术实践和艺术创作中的不断探索和积累所取得的成果。

为了举办这次音乐会，宋士芳一头钻进了中国民族音乐里，先后聆听了二胡演奏曲《赛马》《赶集》《三门峡畅想曲》《空山鸟语》《病中吟》《春江花月夜》《江河水》《二泉映月》，以及竹笛独奏曲《我是一个兵》等多种民族乐曲。

同时，他还像一个探索音乐富矿的探索者，不断地叩打着东西方音乐大师们的创作和音乐演奏之门。他从柴可夫斯基《意大利随想

曲》里汲取了丰富的艺术营养，从肖邦的《升F大调夜曲》中开拓了自己创作京胡独奏的乐思，还从贝多芬的《热情奏鸣曲》中开启了音乐创作的灵性。他深刻地认识到，西方音乐大师们的伟大之处，就在于他们把自己的创作之心放在了本民族的土地上。于是，宋士芳寻根求源，并在中国浩繁的乐曲典律中发现"音乐和戏曲相互为媒介，更趋重和谐"才是创作之根本。这条路贯穿于他全部京胡演奏的创作中，他以《欢庆》《夜深沉》《梨园情》《舞台素描》作为一首首乐意来表现自己的创作情思。最后他终于获得了成功。

从宋士芳的京胡独奏音乐会的成功经验上看，我们也许会受到一点启发。如果一个有理想、有抱负的人要想取得事业上的成功，那么，他就必须要坚定地在这条路上走下去。不然，成功是不会向他招手的。

从这一点上看，听众朋友，你能说一个人的成功不需要付出就会轻而易举地得到吗？如果说，宋士芳是在用琴声来表达他自己的从艺生涯，倒不如说，他是用琴声来同自己的命运抗争。那以少胜多、以简胜繁的乐曲演奏，正好可以用笔者最近创作的一段参加的全国戏曲音乐比赛的歌词作为这次节目的结束语。

一把琴酿出了生活美酒，

一片情似溪水在琴声中畅流。

操千曲揉碎了"三伏"和"三九"，

创新声四十载苦苦追求。

碎弓抖直了那人生的风尘万里路,

哟嗬嗨,哎嗨哟,

嘟唻咪发撤——

扯亮一个红日头。

酸甜苦辣咸对谁能说透,

只有心和指在琴声里交流。

为梨园古曲新生情韵长久,

为时代添华彩愿以琴声写风流。

(节选于哈尔滨人民广播电台特邀魏正元撰稿的戏曲专题节目)

四、梨园比翼谱新篇(节选)

听众朋友,这里是哈尔滨人民广播电台。在接下来的时间里,我台将为您播放戏曲专题节目《梨园比翼谱新篇》,介绍我国著名京剧表演艺术家、"关派"艺术传人"小关肃霜"邢美珠与贾喜麟的演唱艺术。

一

一提起"小关肃霜"邢美珠,人们自然就会联想到她在京剧舞台上塑造出的许多女性形象。尤其是看过她演出的《铁弓缘》"扎大靠,打出手"戏的观众,无不称奇叫绝。

邢美珠不仅天赋超群、武功扎实,而且在文戏的歌唱和表演上,

更是出类拔萃。她在舞台上歌喉一放，让人听后就有珠圆玉润之感，她演唱的每一段唱腔，都有那种"高山流水谢知音"的大家气派和风范。在"艺海无涯苦作舟"和"舞台戏剧唱悲欢"的人生旅途中，她靠着一股坚强的毅力和勤学苦练的精神，终于练出了超群的技艺和绝活。从此形成了自己的那种"日出江花红胜火，春来江水绿如蓝"的演唱艺术风格。

二

听众朋友，刚才我们听了邢美珠爱人贾喜麟演唱的京剧《周仁献嫂》中的一段"娃娃调"唱段。现在，我们又听到了邢美珠在《谢瑶环》中演唱的一段"娃娃调"唱腔。邢美珠演唱的这段反串"娃娃调"，在听觉和视觉上都产生了一种冲击力，同时也让人欣赏到了她那优美的演唱艺术技巧和艺术魅力。她的演唱忽而像虎啸龙吟，忽而又像金鸡奋啼，忽而又像"半江清澈半江涛"，忽而又像"大珠小珠落玉盘"。随着邢美珠那抑扬顿挫、绵延起伏的唱腔，观众们无不展开自己的遐想。那弥留在耳际的优美声音犹如"春风又绿江南岸"，恰似"塞北冰雪润玉珠"。她那神完气足的演唱，让人们久久难忘。

好！听众朋友们，今天的戏曲欣赏节目我们就播放到这里。咱们下期节目再见。(节选于哈尔滨人民广播电台特邀魏正元撰稿的戏曲专题节目)

第六章 朗 诵 篇

第一节 散文诵读训练

一、散文的朗读

在谈散文的诵(读)之前,我们有必要知道什么是散文。简单地说,散文是诗歌、小说、戏剧、童话、寓言、故事等文学样式以外的一种文学样式。散文不像诗歌那样有强烈鲜明的语言节奏,不像戏剧那样讲究一事一线一个人物和一个故事写到底,不像戏曲唱词那样讲究合辙押韵,不像寓言和童话那样讲究鲜明的哲理性并将没有生命的东西变成有生命的。那么,什么又是少儿散文呢?少儿散文是指散文作家专门为少年儿童撰写的具有童心、童情和童味的作品。

散文也称"美文"。有的散文以叙事为主,有的散文以抒情为主,有的散文以议论为主,也有的散文是三者兼而有之。许多少年儿童在

朗读散文时,常常不知所措。即便朗读,也是机械式的朗读。所以,在朗读散文之前要把握以下几个要点。

1.熟读作品理解内容

许多少年儿童在朗读散文时,除了按照作品中的字词句来读散文,对于这篇散文究竟作者是谁、写的是什么、内容是什么一概不甚了解。这样做对朗读散文的少年儿童极为不利。因此,我们强调少年儿童朗读散文要一遍遍地熟读,俗话说:"熟能生巧。"把文章读熟、读透、读懂,每读一遍都要用心、用脑去思考、去琢磨这篇文章到底写的是什么,然后再考虑怎样用自己对文章内容的理解和感悟去朗读。

2.朗读切实勿用假声

我们经常会看到在某些有关少年儿童的语言和口才大赛的比赛中,看到这样一种情景:参赛的少年儿童作品选得很好,朗诵的声音很响亮,形象气质也都不错,可在朗诵时总是让观众有一种不舒服的感觉。这究竟是为什么呢?原来,参赛的少年儿童在朗诵作品时,用的不是自己本来的声音,也就是生活中说话的自然声音,而是使用了一种假声。失真的声音,自然就是假声。假声的出现,一是使参赛的儿童不能更准确地表达参赛作品的思想内容,二是会给参赛的儿童带来一种不自信的心理。这个问题比较普遍,应该引起重视和注意。所以,在平时就应该养成一种好的习惯,改变假声诵读,用真声来朗读散文。

3.把无声文字化成有声的语言

中国戏曲艺术界对歌唱和发声,以及如何使用嗓音要求很严格。正如戏谚所说:"丝不如竹,竹不如肉。"这句话是说,再好听的丝弦乐器,也不如竹子制作的乐器发出来的声音好听,而无论多么好听的竹乐器声音,也比不过人用肉体即嗓子发出来的声音、唱出来的歌更美丽、更好听、更有艺术魅力、更能感染听众。

我们都知道,再好的文章与再美的词句,也只能停留在作家的稿纸和铅印的书中来让读者欣赏。可是,如果把纸面上的文字变成有声音的朗诵就会是另一番景象了。即使是一般的文字、普通的语言,一旦经过朗诵者的艺术加工和精心处理,再加上美丽的声音色彩和情感的运用,把无声的文字化作了有声的语言,再绘声绘色地把作品的思想、情感、内容,用立体的声音表现和展现给观众和听众。这种效果是无声的文字难以达到的。

4.散文的朗诵

散文的朗诵与朗读有何不同?这个问题并不是一般少年儿童所能理解的,即使是一些成年人对此也不是很清楚。在现代汉语词典中,对"读"字的解释是"看着文字念出声音",而对"诵"字的解释是在"读出声音"之后的背诵——"述说"。也就是说,"读"与"诵"二者区别在于,前者是顺着纸面文字发出声音即可,后者在诵读出声音的同时还必须能把纸面上的文字、标点一字不落地背诵,并向听者进行一种

"述说"。这种"述说"是烂熟于心的文字背诵。

如果我们理解了朗读是一种再创造。那么，我们就会不难发现朗诵散文比朗读散文更需要把声音打开，音量放大、张开喉咙、放开嗓音，加大声音的亮度、力度、高度、宽度去朗诵。在朗诵中还要有激情，尤其是气息的运用、音量的控制、情感的抒发、表情的配合、肢体语言的运用，字、词、句、组、段、节、章、篇的艺术都要相得益彰。如果把朗读比作影视中的表演和人物创造，那么朗诵就是一种戏剧中的表演或人物的创造。一个是比较真实的朗读，而另一个是夸张、放大声音的朗诵。"朗读"可以照文章读，而"朗诵"则需要倒背如流，每一字、每一句话，都是发自朗诵者心底和肺腑的情感表露。即便是"述说"，也要把声音放开。不然，剧场和电视厅里的许多观众都听不清你的读词。这种艺术创造要高于朗读。朗诵等于上了一个艺术再创造的新台阶。朗诵之前的背诵本身也是一种艰苦的艺术劳动和重新再构思、再加工、再创造、再积蓄情感的过程。朗诵的艺术水平如果想要达到一定高度，需要朗读者在理解作者、作品、思想、情感和内容的同时，还要把朗诵者的思想火花与作者的作品火花加以碰撞，并产生出一种新的光焰，这样才会感动所有的观众。要想感动人、征服人、打动人，那么，喜欢朗诵的少年儿童就必须要多下工夫、多流汗，让你的朗诵有别于他人。也就是说，你下的工夫越深，你练得越比别人刻苦，你的收获越大。只要功夫下到了，铁杵也会磨成针。

5.散文朗诵的情感与技巧

散文的朗诵除了需要少年儿童进行声音训练、记忆训练、背诵训练,同时还要分段对文章来进行训练。要想把一篇散文朗诵好,就要把自己的情感一点一滴地融到作品里去。可以说,无情感的朗诵是不会打动人的,无感情的朗诵更不会感染观众和欣赏者。无情未必是真朗诵。要想使自己的朗诵真能打动人,让观众和听众品出其中的滋味来,就要把自己的感情投入进来。有感情和没感情的朗诵效果就会两样。那么,感情需不需要训练,感情能不能训练? 回答是完全可以的。许多高明的朗诵艺术家之所以演得好、表情丰富、人物语言逼真,他们是靠什么? 感情。感情怎么来的呢? 靠平时的训练。这个学习训练过程也是平时积累的过程, 这是需要下工夫的。俗话说:"台上一分钟,台下十年功。"就是这个道理。

6.散文感情的训练

训练少年儿童朗诵散文有多种方法。可以让孩子读一些文字感人、故事性很强的小说,看一些有益于少年儿童的电视小品,也可以让孩子们走进剧场,看一部好的儿童剧,听一部广播儿童剧,多看一些和孩子们有关的少年儿童才艺展示大赛, 让孩子们在家中或者在学校自编自演一些小品、小相声、小话剧等等,这些都是很好的学习训练方法。同时, 我们还可以利用观画展和看动画片的方法进行训练。

　　好的绘画会感染人。儿童的天性是喜欢绘画，从小他们就喜欢看或者是画一些小猫、小狗、小鸟、月亮、太阳等，还有各种人物。我们的家长和老师就要从这些方面和孩子们进行沟通和交流。尤其是在组织儿童观看画展时，那些栩栩如生、活灵活现、生动感人的画面，会给孩子们留下深刻难忘的印象，同时也会极大地丰富孩子们的想象力。为什么在孩子们的一些铅笔盒和笔记本上面，总会看到他们画的小人和小动物的出现，而经常出现的这些又都是少年儿童喜欢的画面呢？这个问题不但很少有人提及，就是今天也会被我们的家长和老师忽略。让每个孩子学写生字是一种机械和被动式与单一的学习方法。所有的孩子在刚刚接触文字时，都会是一种被动式的接受。因为在所有的少年儿童心里，开始对文字是不感兴趣的。孩子们心里喜欢的是用自己的手来画画的。所以，儿童们画起画来是信笔涂抹。最初，顶多是画得不像罢了。这是每个孩子的天性表现。孩子们在高兴时要画，不高兴时也想画。这种表达方式只有儿童才有，十分的难能可贵。成年人正相反，他们不会像儿童那样，不高兴时去画画来表达情感和心中的不悦。

　　另外，看动画片对激发儿童的情感也有极大好处。动画片多以儿童为题材来进行创作。儿童不仅喜闻乐见，还常常用语气、声音去模仿动画片里的小鸟、小狗、狐狸、老虎、大象等一些常见的动物去模仿说话，做一些让成人视而不见的动作。其实，在形象、声音、动作的模

仿中,孩子们已经自觉或不自觉地把自己的感情融于他们的形象中。如果我们的家长、老师善于捕捉到这一瞬间,并鼓励孩子,让孩子们反复训练,巩固下来,这就是最好的情感训练。为什么动画片《西游记》里的孙悟空和猪八戒这两个一半是人、一半是神话的人物形象很受孩子们欢迎?这是由于其中有一种能够打动孩子心灵的东西在,更符合儿童的审美情趣。

6.朗诵散文是对孩子们学习语言的一种互补

为什么朗诵会引起当代人特别是年轻妈妈们的格外重视?

这是因为家长们都知道朗诵好一篇散文,它对于初学语言的少年儿童十分重要。少年儿童是学好口语,练好口才,打好语言基础的关键时期,经过朗诵训练以后,当他们再次拿起某篇散文或者语文课本朗读时,孩子们就会有一种不同的感觉从心里油然而生。他有了自信,有了情感,再朗诵起来自然就觉得很有趣。同学们也爱听,他自己也增强了诵读的信心。在这种训练之中,少年儿童的性格也得到了一种前所未有的改变,孩子们也有了朗诵好语文的决心。不仅胆子也大了,不怯场,同时也敢在众人面前讲话了,这种胆量与自信完全是来源于口才的训练。因此,学语文,朗诵课文,对孩子们来说,已经不再是一件天大的难事了。相反,孩子们会把它当成自己喜欢的事情来做。这通散文朗诵的基础训练,也是对语文课堂诵读的一种最好的语言互补。

二、朗诵的技巧

凡是会朗诵和朗读散文的孩子除了必须要具备上述的基本功，他们还必须要掌握一些朗诵和朗读时的技巧。

1.声音技巧"吞""吐""收""含""放"

(1)吞

会吞声音的朗诵和不会吞声音的朗诵大不相同。这里所说的"吞"字，不是把散文朗诵的文字吃到肚子里，而是在朗诵时，遇见需要控制表达思想感情的文字，一下子擒吞住，然后再将其慢慢地送出来。

(2)吐

这里所说的"吐"，是指朗诵者对朗诵文章时文字的"吐"和思想的"吐"，也是兼而有之的"吐"。吐出来的字要该重则重，该轻则轻，该急则急，该缓则缓。会吐字和不会吐字的朗诵，可是大不一样的。会"吐"字的就会起到事半功倍的效果。这种吐字训练，就是一种技巧的训练。

(3)收

我们常常会听到会朗诵的人，在朗诵到关键的地方时把语言突然一下子收住。这就像二胡和钢琴演奏一样，在演奏到某种曲调时，情到急处，一下子让音乐戛然而止。这种收要恰到好处，还要做出艺术效果来，让听众听着满意。要收得合情合理，不该收的绝不能乱收，

不然在朗诵时就会闹出笑话来。这种收的技巧，也是学习朗诵时要把握的一个技巧。

(4)含

含字是朗诵的主脑，朗诵时要把文字和语言用"含"的技巧尽情发挥出来，然后再慢慢地把下面的句词给送出去。含要"含"得有技巧，含得是地方。含的字、词、句，要让人听着舒服。这种含字词的散文朗诵就像是歌曲中常用的"哩哩、啦啦、来来"。再如歌曲"五十六个民族，五十六朵花，五十六个兄弟姐妹是一家……"中的"是"字，就有"含"着唱的意味。更像京剧中的流水唱段，含着唱，就像小鸟嘴里含着一根树枝，在不停地唱，这种技巧是比较难练的，但又必须要练。

(5)放

朗诵散文有时要把音量、情感同时向观众释放。这里的放音、放句、放词、放字不是傻傻地往外放。而应该是在"吞""吐""收""含"的有机的配合下，放出声音和句子来。放不好，声音就会走形，出破音、出岔音。这就需要我们平时不断地训练自己如何才能把声音放大、放响、放得美、放得有声有色、有情有感。如果在声音该放的时候，放不出来，放出来又不好听，这就是朗诵中的一个遗憾。如何把声音放得美好、放得好听，这当然需要进行不断的刻苦训练，只有这样才会有所收获。

2.情感训练技巧

情感技巧比较难练,不过一旦有了感悟,随时都能释放。

有情感的声音和没情感的声音朗诵出来的散文,效果是截然不同的。情感技巧的训练,首先来自于你心中的视像和大脑的视像。当你把想到的、看到的留存在心脑中,那么,你对一件事、一个人、一种景、一段情、一个物体都会产生不同的情感。当我们找到了这种情感并加以发挥,恰到好处地用在朗诵散文之中时,朗诵者的情感就会情随文走。有了感情,朗诵出来的文字就鲜活、感人。

在朗诵时,要真正有那种"字断情不折"和"字断情不断"的艺术感觉。当朗诵到快乐时,你的情绪自然也要有快乐的感觉。朗诵到悲伤的感情时,你的情绪自然应该是悲伤的。没有这种感情技巧的配合与训练,再美的文章、再好的词句、再好的声音,也会显得空洞无力,情不真则意不深。情感是散文朗诵的统帅,情感也是散文朗诵的灵魂。只有情感到位了,朗诵出的文章才会有了生命力。文字在纸上,情感在心里,心有多大,情就应该有多大。有了真情,朗诵出来的语言才会掷地有声。有了真情才,会让听众感受到朗诵者声音的魅力所在。抓住了情感,才能把文章给挖掘到一个深的层次,达到想要达到的那种境界。少年儿童的情感要比成人丰富的多。只不过我们对他们在这方面的开发缺少了一种态度和关注。

三、散文诵读十篇

(一)竹赞(魏正元)

我喜爱花草,但我更爱竹。不论是翠烟阳回的新竹、清新映日的晴竹、褐色斑斑的老竹,还是亭亭玉立的江南水竹,荡畔潇湘的雨竹,傲然坚劲的山野风竹,长于自然园林中的爽直嫩绿的肥竹……都是我生命里的一部分。

然而,爱竹的又何止我一人呢?诗人的笔下,不是就有"一枝一叶总关情"的千古绝响之句吗?而画家们根据自己的兴趣和爱好不也是常把"画竹"作为一种比喻人生,表达某种思想感情的手段,甚至是为了表现人的最高境界和理想追求才泼墨挥毫的吗?画界中流传着的"喜画兰(兰花),怒画竹,不喜不怒画牡丹"的画谚就是最好的说明。

虽然我不是诗人,不能以诗来赞美竹的美丽和高雅;尽管我不是画家,不能挥毫泼墨把竹的韧劲表现在画中。但是,每当我在事业上停滞不前时,我必去看竹。每当我在生活中遇到挫折时,我也还是去看竹。看竹的挺直向上,使我联想到人生和事业就像一段一段的竹节,每一节都有它特殊的意蕴。

所以,看竹的倔强,可以使人挺直脊梁;看竹的韧性,可以使人增加阳刚之气;看竹的轻松活泼,可以使人更加热爱生活。

我赞美竹的品格,是因为从竹林里飘来的缕缕清风,它带着绿意,带着真诚,带着执着,带着生活的旋律,竹身上所散发出的淡淡清

香,让人看到一个生机勃勃的新世界。

(二)故乡的河(魏正元)

在祖国的诸多条江河中,我最喜欢的是家乡的河。

它虽然没有长江长, 但它却比长江更清澈;它虽然没有大海宽阔,但它却比大海更有诱惑;它虽然没有黄河那种奔腾的气势,但它却比黄河更迷人。

春天,我们聆听小鸟歌唱;夏天,我们戏水扬波看云朵;秋天,我们采集金灿灿的黄叶;冬天,我们用洁白的雪雕塑童年的自己……

在银色的世界里,我们堆雪人、滚雪球、打冰茬儿、做冰灯、看树挂……

有时,我们还用双手捂着冻红的小脸蛋,和畅游在冰层水下的小鲤鱼对话。

啊,我爱你美丽的松花江! 是你给了我一个童年的梦,是你把我的童年变成了一首歌, 是你把我的金色童年绘成了一幅五彩缤纷的画!

【教学目的与训练提示】

1. 读出童心、童情、童味。

2. 要有感情,有想象力。

3. 要读出散文的韵味来。

4. 要用情感和听众交流。

(三)雨中情

淅淅沥沥的春雨下个不停,落在地上,溅起了朵朵雨花。在密密的雨帘中,街上的行人已经很稀少了,人们都不住往家跑,陆陆续续消失在茫茫的雨帘中。

我低着头向前跑着,恨不得一下子回到家中。突然,"咚"的一声,我急忙抬头一看,呀!撞倒了一个人。只见那人踉跄了一下,扶住了墙,手在地上摸着什么。"对不起,对不起!"我急忙道歉。"噢,不要紧的,没什么事。"那人喘息着说。

在朦胧的雨雾中,只见那人中等个儿,削瘦的脸上一双木然的眼睛直直地盯着前方。他是一个盲人!我心里非常难过。我看,他行动不便,便对他说:"大伯,我来扶您走吧!""谢谢你!"他感激地说。

我搀扶着他向前走着。我望着他木然的眼睛。唉,真可怜!突然,我被绊了一下,差点摔倒。我低头一看,是一块水泥板,我便嚷道:"谁把这板子放在路上的,不放好,差点把我绊倒。"这时盲人伯伯问我:"摔着了吗?"我回答道:"没什么。来,走这边,小心绊倒。"他向前迈了一步,又停了下来,说:"说不定还会有人从这路过,也许会绊倒的。我们一起把它放到一边去吧。"他摸到水泥板,用力地搬开水泥板。我也同他一起搬。过后,他站起来,拍了拍手,又用衣袖擦了擦额头上的汗珠。见此,我全身热血都在沸腾。在这样的情况下,他想到的是别人,而不是自己。这时,我突然觉得他的眼睛明亮起来了。我从他心灵

的窗口看见了他那颗纯洁、真挚、透明的心,那是一颗时时处处替别人着想的心。在回家的路上我是他的领路人,可是在生活中,他却是我的领路人。

雨仍淅淅沥沥下个不停,我搀扶他继续向前走着,走着,直至消失在雨中……

【教学目的与训练提示】

这是一篇融描写、记叙、议论为一体的短文。朗读或表演时,注意语言的均衡运用。注意突出这是在淅淅沥沥的雨中的情,注意文中"我是他回家的领路人""他是我生活中的领路人"这一主题的突出。

朗读或朗诵进可使用以下两种方法来进行训练:

(1)以第三人称的身份进行读、诵。语言要亲切、朴实无华、自然、流畅、感人。注意语言技巧的运用。句号、逗号、顿号、惊叹号要读、诵到位,给听者声音的形象。

(2)以解说人的身份读、诵文章,在读、诵到第一人称"我"时,要有一种文中人物的声音出现。当读、诵到盲人出现时,要用声音进行造型,寻找一种文中主人公"我"的声音去读、诵。注意:"我""盲人""解说人"三种声音不能不分明、不清晰,混淆在一起,不然就会破坏读、诵散文的意竟美、情意美、语言美。

解说人的声音可用播音员声音,文中"我"的声音用自己的声音(童声),"盲人"的声音要到生活中去观察,体验,最好能让家长在某

一个春日的某天中领着你到淅淅沥沥的雨中去感受一下这种生活。

只有按照以上出的要求进行朗读、朗诵，再掌握好老师教的技巧，本文才会读、诵得有声有色、声情并茂。

(四)回家(魏正元)

美国的管弦乐演奏家肯尼斯用萨克斯吹奏的那首充满温馨浪漫情调的乐曲《回家》，给人们留下了难忘的印象。音乐无国界，音乐可以感染所有人的思想情绪。

是啊！当你在外面劳累一天的时候，当你和他人有了不愉快的时候，当你身在异乡独处月夜的时候，当你在移居海外多年倍感孤独的时候……人们首先想到的就是回家。

中国有句流传多年的俗语："八十岁有个妈，大小有个家。"人们还常常自嘲，把家比作一个窝。所以又有了"金窝、银窝不如自己的草窝"之说。

人人都希望自己有一个温馨的家，不论他在外面多么体面，多么风光，多么不愿意流露自己的那份真实的情感，可回到家里，他的"真我"才得到释放。

回到家中，你便可以想说就说、想跳就跳、想哭就哭、想笑就笑。你可以尽情地放纵自己的情感，甚至于把堆积在心底的酸甜苦辣，一股脑地倾诉出来。

家是一个人的避风港，家是一个人的自由天地，家可以消除一个

人的精神疲惫,家可以使一个人找到一种解放自己的方法。

家会为每个人重新设计一种新的形象,家会为每个人排忧解难,使之重新鼓起勇气,再次扬帆远航。

家是社会的小细胞,只有当每个家都十分和谐、幸福、美满的时候,我们的社会才会注入新的生机和活力,我们的民族才会兴旺。

啊!有家真好,真好……

【教学目的与训练提示】

1. 把文章由生读到熟。

2. 把文章由熟读到生。

3. 通篇背诵全文。

4. 反复聆听几遍肯尼斯吹奏的乐曲《回家》。

5. 伴着这首乐曲读几遍全文。

(五)落花生(许地山)

我们家的后园有半亩空地。母亲说:"让它荒着怪可惜的,你们那么爱吃花生,就开辟出来种花生吧。"我们姐弟几个都高兴,买种、翻地、播种、浇水,没过几个月,居然收获了。

母亲说:"今晚我们过一个收获节,请你们的父亲也来尝尝我们的新花生,好不好?"母亲把花生做成了好几样食品,还吩咐就在后园的茅亭里过这个节。

那晚上天色不太好。可是父亲也来了,实在很难得。

父亲说:"你们爱吃花生吗?"

我们争着答应:"爱!"

"谁能把花生的好处说出来?"

姐姐说:"花生的味儿美。"

哥哥说:"花生可以榨油。"

我说:"花生的价钱便宜,谁都可以买来吃,都喜欢吃。这就是它的好处。"

父亲说:"花生的好处很多,有一样最可贵:它的果实埋在地里,不像桃子、石榴、苹果那样,把鲜红嫩绿的果实高高地挂在枝头上,使人一见就生爱慕之心。你们看它矮矮地长在地上,等到成熟了,也不能立刻分辨出来它有没有果实,必须挖起来才知道。"

我们都说是,母亲也点点头。

父亲接下去说:"所以你们要像花生,它虽然不好看,可是很有用。"

我说:"那么,人要做有用的人,不要做只讲体面,而对别人没有好处的人。"

父亲说:"对。这是我对你们的希望。"

我们谈到深夜才散。花生做的食品都吃完了,父亲的话深深地印在我的心上。

【教学目的与训练提示】

通过训练诵读，来表达自己对这篇文章读诵后的具体感受是什么。要把落花生出自泥土,默默奉献的那种精神给朗诵出来。

(六)柳树的风格(魏正元)

我喜欢松树向上的精神,我喜欢白杨树高贵的品质,然而我更喜欢柳树群而不俗和以柔克刚的精神风貌。

你看! 当北方的寒冬尚未走远时,当迎春花抢着向人们报春时,当小燕子热恋南方不愿北归时,柳树便露出了星星点点的嫩芽,为苦熬寒冬的人们送来了春的绿意。

经过春风春雨的洗礼, 柳树绽放出了所有的绿叶。她染绿了山川,染绿了江河,染绿了每条落过白雪的街道,染绿了山村和农家庭院,也染绿了人们的眼睛。

到了夏日, 柳树比春日更加妩媚动人。她像一个亭亭玉立的少女,低头含笑。当一阵阵暖风从她身边吹过时,她又像一个美丽姑娘,以柔软的身躯和多彩的舞姿, 跳起了让人着迷的舞蹈。在蒙蒙细雨中,她为躲雨的人们撑起了一把硕大的绿色雨伞;在骄阳烈日下,她为读书的少年遮阳。

当夜幕降临、华灯初上时,柳树为游人增添了观赏景色的美好心情。柳树看似柔弱,但她却像水滴石穿一样,处处都体现出一种以柔克刚的精神。她不像花儿那样挑剔环境,也不像其他植物那样选择好

的泥土,而是凭着自己顽强的生命力和毅力在泥土里扎根生存。

因此,人们曾为柳树写下过许多赞美的诗句。其中像"有心栽花花不发,无心插柳柳成荫。"这样的诗句,就说明了柳树的那种顽强的生存能力。

是呀,谁能说柳树的这种风格不独特、不感人呢?

我想,正是由于柳树特有的个性和魅力,才形成了她在许多树木中所独有的风格。这也许就是我更喜欢它的原因吧。

【教学目的与训练提示】

观察自然中柳树的状态,把握朗诵(读)时的语言节奏。朗诵这篇散文时,要把对柳树的真实情感诵读出来。

(七)松的精神(魏正元)

我喜爱梅的傲骨,竹子的清秀,柳树的潇洒,然而我更喜欢松的四季常青与豁达精神。

不论是枝繁叶茂中的晨松,骄阳似火中的新松,狂风暴雨中的苍松,夕阳晚照中的老松,烟雨蒙蒙中的嫩松,寒冬中的雾凇,迎风傲雪的青松,还是屹立高山之巅的山松,以及那美化大自然和陶冶人们情操的樟子松、落叶松、白松、红松,我都十分的喜爱。

画家画松树,那是因为松树是画家心中情致在画中的一种流露;诗人赞松,那是因为诗人对松的品格赞颂;歌唱家唱松,那是因为松的精神可以使人永远年轻。不知是他人对松的偏爱,还是我对松的特

殊情感，每当谈论起树木花草时，我都会千方百计、想方设法地把松树的名字排在各种树木之首。其实，松树在各种树木中一直是名列前茅的。你看，在人们称之为岁寒之友的"松竹梅"里，松不就为岁寒之首吗？而当我们提到苍松翠柏之时，松依然独领风骚。尤其在中华民族的风俗中，人们经常为寿星老人敬献"松鹤延年"和"福如东海长流水，寿比南山不老松"等吉祥祝词与各种精美礼品，用松来表达对长者的真诚和敬意。可以说，松的精神无处不在。影视和戏剧中都有以松为题的剧名，像电影《青松岭》、话剧《松涛曲》、京剧《雪岭苍松》等。古人对松树也是格外地垂青。记得唐代大诗人杜甫为了针砭时弊，表达爱与憎，就曾写下了千古流传的诗句："常苦沙崩损药栏，也从江槛落风端。新松恨不高千尺，恶竹应须斩万竿"。而无产阶级革命家，具有现实主义和浪漫主义情怀的诗人陈毅元帅，也曾写过赞美松树精神与品格的诗句："大雪压青松，青松挺且直。欲知松高洁，待到雪化时。"由此可见，松的精神对人们的理想、事业、工作、学习是多么重要啊。

　　我爱松，更在于它那挺拔向上、威武不屈、气宇轩昂，敢于和风雨搏斗，和冰雪抗争，挺然屹立傲苍穹的精神。因此，当我郁闷之时，走进那宽阔的松林，我的心情顿时就会开朗起来。当我在生活中遇到困难之时，我还是会走进松林去聆听那美妙悦耳的松涛声。那悦耳的松涛声，就像一部部优美的交响乐，让人听后会从中受到某种启迪，并

且会从中得到一种新的人生感悟。

【教学目的与训练提示】

到大自然中观察松树在各种环境中的姿态形状，有时间可以画一画松。要把松的精神通过朗诵时的语言表现出来。

(八)海燕(高尔基)

在苍茫的大海上，风聚集着乌云。在乌云和大海之间，海燕像黑色的闪电高傲地飞翔。

一会儿翅膀碰着波浪，一会儿箭一般地直冲云霄，它叫喊着——在这鸟儿勇敢的叫喊声里，乌云听到了欢乐。

在这叫喊声里，充满着对暴风雨的渴望，在这叫喊声里，乌云感到了愤怒的力量，热情的火焰和胜利的信心！

海鸥在暴风雨到来之前呻吟着，呻吟着，在大海上面飞窜，想把自己对暴风雨的恐惧隐藏到大海深处。

海鸭也呻吟着，这些海鸭呀，享受不了战斗生活的欢乐，轰隆隆的雷声就把他们吓坏了。

愚蠢的企鹅，畏缩地把肥胖的身体躲藏在峭崖底下……

只有那高傲的海燕，勇敢地、自由自在地，在翻起白沫的大海上面飞翔！

乌云越来越暗，越来越低，向海面压下来；波浪一边歌唱，一边冲向空中去迎接那雷声。

雷声轰响。波浪在愤怒的飞沫中呼啸着,跟狂风争鸣。看吧,狂风紧紧抱起一堆巨浪,恶狠狠地扔到峭崖上,把这大块的翡翠摔成尘雾和水沫。

海燕叫喊着,飞翔着,像黑色的闪电,箭一般地穿过乌云,翅膀刮起波浪的飞沫。

(九)荷塘月色(朱自清)

这几天心里颇不宁静。今晚在院子里坐着乘凉,忽然想起日日走过的荷塘,在这满月的月光里,总该另有一番样子吧。月亮渐渐地升高了,墙外马路上孩子们的欢笑,已经听不见了;妻在屋里拍着闰儿,迷迷糊糊地哼着眠歌。我悄悄地披了大衫,带上门出去。

沿着荷塘,是一条曲折的小煤屑路。这是一条幽僻的路;白天也少人走,夜晚更加寂寞。荷塘四面,长着许多树,蓊蓊郁郁的。路的一旁,是些杨树,和一些不知道名字的树。没有月光的晚上,这路上阴森森的,有些怕人。今晚却很好,虽然月光也还是淡淡的。

路上只我一个人,背着手踱着。这一片天地好像是我的;我也像超出了平常的自己,到了另一世界里。我爱热闹,也爱冷静;爱群居,也爱独处。像今晚上,一个人在这苍茫的月下,什么都可以想,什么都可以不想,便觉是个自由的人。白天里一定要做的事,一定要说的话,现在都可不理。这是独处的妙处,我且受用这无边的荷香月色好了。

曲曲折折的荷塘上面,弥望的是田田的叶子。叶子出水很高,像

亭亭的舞女的裙。层层的叶子中间,零星地点缀着些白花,有袅娜地开着的,有羞涩地打着朵儿的;正如一粒粒的明珠,又如碧天里的星星,又如刚出浴的美人。微风过处,送来缕缕清香,仿佛远处高楼上渺茫的歌声似的。这时候叶子与花也有一丝的颤动,像闪电一般,霎时传过荷塘的那边去了。叶子本是肩并肩密密地挨着,这便宛然有了一道凝碧的波痕。叶子底下是脉脉的流水,遮住了,不能见一些颜色;而叶子却更见风致了。

月光如流水一般,静静地泻在这一片叶子和花上。薄薄的青雾浮起在荷塘里。叶子和花仿佛在牛乳中洗过一样;又像笼着轻纱的梦。虽然是满月,天上却是有一层淡淡的云,所以不能朗照;但我以为这恰是到了好处——酣眠固不可少,小睡也别有风味的。月光是隔了树照过来的,高处丛生的灌木,落下参差的斑驳的黑影,峭楞楞如鬼一般;弯弯的杨柳的稀疏的倩影,却又像是画在荷叶上。塘中的月色并不均匀;但光与影有着和谐的旋律,如梵婀玲(英语 violin 小提琴的译音)上奏着的名曲。

荷塘的四面,远远近近,高高低低都是树,而杨柳最多。这些树将一片荷塘重重围住;只在小路一旁,漏着几段空隙,像是特为月光留下的。树色一例是阴阴的,乍看像一团烟雾;但杨柳的丰姿,便在烟雾里也辨得出。树梢上隐隐约约的是一带远山,只有些大意罢了。树缝里也漏着一两点路灯光,没精打采的,是渴睡人的眼。这时候最热闹

的，要数树上的蝉声与水里的蛙声；但热闹是他们的，我什么也没有。

忽然想起采莲的事情来了。采莲是江南的旧俗，似乎很早就有，而六朝时为盛；从诗歌里可以约略知道。采莲的是少年的女子，她们是荡着小船，唱着艳歌去的。采莲人不用说很多，还有看采莲的人。那是一个热闹的季节，也是一个风流的季节。梁元帝《采莲赋》里说得好：

于是妖童媛女，荡舟心许；鷁首徐回，兼传羽杯；櫂将移而藻挂，船欲动而萍开。尔其纤腰束素，迁延顾步；夏始春余，叶嫩花初，恐沾裳而浅笑，畏倾船而敛裾。

可见当时嬉游的光景了。这真是有趣的事，可惜我们现在早已无福消受了。

于是又记起《西洲曲》里的句子：

采莲南塘秋，莲花过人头；低头弄莲子，莲子清如水。

今晚若有采莲人，这儿的莲花也算得"过人头"了；只不见一些流水的影子，是不行的。这令我到底惦着江南了。——这样想着，猛一抬头，不觉已是自己的门前；轻轻地推门进去，什么声息也没有，妻已睡熟好久了。

(十)写给张老师的一封信(魏正元)

亲爱的张老师：

您好！

您还记得我吗？我就是五年前您亲自在大山里教过的那个小毛毛呀！

还记得您刚进大山的那会儿，第一天上课，我就惹您生了一肚子的气。

对不起，真的对不起。那会儿我真的太小、太不懂事。可是，您还是原谅了我。

当您知道我的家境一贫如洗的时候，您竟然当着我的爸妈说："今后，这孩子的学费由我来负责。"后来，我才知道，您用自己每月仅有的几百元的教师工资不但资助了我，而且还资助了邻村的两个失学孤儿。

今天，爸妈把我带到山外，这是个我连做梦都梦不到的陌生城市。

按说，这里的条件要比大山里强上好几倍，可不知为什么，每当我一个人静坐在屋子里的时候，我常常就会想起您来。

张老师，真的，我真的是打心里往外想您。想起您挨家挨户动员我们的家长，让我们上学读书的情景；想起您亲自用门板帮我们搭课桌，用土坯、石头和木板搭听课椅的情景；还有那年我得了一种怪病，您亲自背我走了二十多里的山路，当医生说我需要输血时，您毫不犹豫的捋起袖子，让护士从您的身上抽了 500 cc 的血。

您的血一滴一滴地流进我的身体。当我苏醒过来时，您忘掉了劳

累和一身的倦意,脸上露出了让我一生都忘不掉的微笑。这微笑,让我看到了慈母一样的关爱,看到了您为我这个山里孩子倾注的一种真情,看到了比妈妈还让我难以忘怀的一位母亲,看到了您对每个学生的真爱之心。

亲爱的张老师,请您放心,我一定把您的教导牢牢记在心里,把学习成绩提高到一个最好的水平。长大后,我也要当一名像您这样的老师,回到大山里,奉献出自己学到的知识并传给他们,让所有大山里的孩子都能享受到和城里孩子一样的读书的机会,受到更多的教育。

此致

敬礼

深爱您的学生王小毛

第二节　新闻朗读训练

一、六一儿童节

本台消息:今天是六一国际儿童节。许多少年儿童都为庆祝自己的节日穿上了盛装。有的少年儿童和爸爸妈妈去了自己最喜欢的公园、江畔;有的少年儿童在家长的陪同下,一块儿走进了崭新的新华书店;有的少年儿童还去了游乐园。

二、说说新建的公园

朗读下列新闻稿件(限时 3 分钟)

本台消息:小记者张凡从某区政府新闻发布会上获悉,2008 年,该市将要为全市的少年儿童新建一个多元化的文化公园。

这个公园的占地面积将达到三万平方米。在公园的东面将要修建一个大型音乐喷泉,在公园的西面会种上各种树木和奇花异草,在公园的南面会修上一座假山供游人休息和眺望远处的风景,在公园的北面会建上一个大型冰雪巨雕。这个项目将会在一到三年内完成。

三、公园里的落水男孩

朗读下列新闻稿件(限时 3 分钟)

据本台刚刚收到的信息:3 月 5 日,在我市的一个少年儿童公园,有一个不知姓名的小男孩,不慎滑落到公园的湖心当中。这时,有几个正在这里画写生画的某高校大学生,立即组织了有 6 个人的抢救小组,在湖面上准备实施营救。可是,由于湖水结冰层面随着天气的渐暖正在融化,给抢救带来了一定的难度。至于是否能够把这个落在湖水里的男孩捞救出来,还要等待前方的后续报道。

四、快乐节日里的小礼物

朗读下列新闻稿件(限时 3 分钟)

本台消息报道:某些中小型幼儿园为了给孩子们一个快乐的节日,精心为大、中、小班的孩子们准备了许多小礼物。这些小礼物不但

是儿童最喜欢的,也是很有纪念意义的。要知道究竟是什么礼物,请听稍后的跟踪报道。

五、上海世博会开园盛况

朗读下列新闻稿件(限时 3 分钟)

据本台消息报道:上海世博会自开园至今以来,参观人次已高达5 万人。今晚 18 点钟,瑞典馆还会将展馆的创意全部向参观者进行展示。该馆的设计不仅具有独创的意韵,从外墙到馆内的各种设计,都突显出了设计者的当代思想意识和理念。瑞典有 75%的国土覆盖着森林,从斯德哥尔摩到其他各个城市,我们都会感受到这个国家的环保思想意识已经蔚然成风。我们通过参观还可以领略到这是一个十分重视科技发展和喜欢美的国家。瑞典除了在场馆设计上令人耳目一新之外,更大的亮点是他们巧妙地把本国的文化背景也融入这座展馆里面,让参观者观赏之后真的是有一种回味无穷的感受。

六、千年话端午

朗诵下列新闻稿件(限时 3 分钟)

本台报道:今年的五月节与往年的五月节在过法上有所不同。其特点是除了纪念伟大的诗人屈原,人们还要到郊外去踏青,到江边去看龙舟比赛表演和吃自家包的粽子。此外,许多家长还亲自带着孩子到新华书店去购买屈原的人物传记和有关他的介绍。家长们认为,现在有许多地方在大力提倡和推荐学国学。其实,让孩子们学习传统文

化,不断地汲取民族文化的营养,是当今社会发展的一个必由之路。试想,一个民族,一个国家,如果丢了自己的文化之根,而把别国的文化作为自己的学习主流,这岂不是一件本末倒置的荒唐而又可笑的事吗?

好了,今天的节目就播报到这里。观众朋友,咱们下次节目再见!

七、这座桥该不该修

新闻朗读稿件(限时3分钟)。

本台刚刚收到了一条消息:在我市的一所大学附近有一处行人过往的天桥。在桥上不但有上下过往的人群,还有卖各种小饰物、小商品的小商小贩。在这座只有不到四米宽的桥上还发生了一起踩塌桥面的事件,一个小孩因此而跌倒,被拥挤的人群踩得奄奄一息。现在这个孩子正在被送往医院的途中。小孩的生命是否有危险,这还要等前方记者的跟踪报道。但我们要说的是,为什么像这种屡屡发生的事情,而总是被有关单位忽略呢?这桥到底该不该修?好,请听下一档节目。稍后,我们将继续播报这件事情的详细情况。

八、一场罕见的大风雪

朗读新闻稿件(限时3分钟)。

5月14日电,一场罕见的大风雪将我省一些农村和山庄的住房和建筑摧毁。有些地方的交通受到了严重的阻隔。省委省政府领导得知这一情况后,立即选派全省的公安部队、边防警察还有优秀的医务

人员立即赶往受灾地区抢救伤员。现场记者说,在一个山区里,有几个少年儿童因参加市里组织的一次英语大赛,在回来的路上,不幸被风雪阻隔,现在家人和这几个孩子一直联系不上。幸好有我们的部队战士,正在这条公路线上进行抢救。相信这几个孩子一定会安然无事的。

九、关于雌鸟的故事(动物世界解说词)

朗读新闻稿件(限时 3 分钟)

这次雌鸟比雄鸟居住的时间长。到目前为止,科学家仍然不了解雌鸟为什么能在此停留这么长时间。是它的彩色羽毛需要,还是这里的特殊环境,才会让雌鸟在这个地方停留如此之长的时间呢?

看来,这是一个谜,一个尚待科学解决,或又无法在较短的时间破解的谜。但不管怎样,雌鸟的这种生活习性,研究鸟类的科学家迟早有一天会为我们做出一个正确的答案的。

好,这次《人与自然》关于雌鸟的故事就说到这里。我们期待着能够在下一次节目《走进非洲》时,再次相见。

十、关于作文的话题

现在是张小乐的主播时间。各位观众好,我是张小乐。今年上半学期考试尚未退热,家长们便带着自己的孩子走进了各种各样的作文班。说是只有走进这些作文班进行学习,这些孩子才会写出好的作文来。如果真是这样的话,那么,学校的语文老师又干什么去了呢?难

道所有的学校都不教学生写作文吗？如果真是这样，看来我们的教学还真的需要进行改革了。至于怎么改，我想各教学单位和学校，一定会走出一条适合自己特点的改革之路来。好，下面再看第二条。

十一、关于转基因食品的话题

转基因食品，有的已经走上了我们的小餐桌，像农业产品如大豆、食用油、各种蔬菜和水果，以及各种粮食制品。目前，这些转基因食品在市场上已经出现了许多。但也有一些专家不赞成食用和使用转基因食品。这种争论从20世纪末就开始了。但不管怎么争论，有实例为证：目前投放到市场和我们小餐桌上的转基因食品还是安全的。好，请看下一条消息报道。

十二、关于小学生要远离网吧的话题

时至今天，在一些城市开设的形形色色的网吧里，我们经常会看到一些未满十八岁的少年逗留在网吧里，有的甚至还玩上了瘾，忘记了什么时候该吃饭，什么时候该学习，什么时候该回家。少年正是长身体、求学习、求进步的时候，奉劝那些对网吧上瘾的同学们要珍惜宝贵的时间。如果你把人生的少年和青年这个成长时期都放在网吧里，那岂不是把人生的大好时光白白地浪费掉了吗？同学们，还是早点离开这些网吧为好。回到家庭里去吧！回到学校里去吧！回到班级的同学中间去吧！这才是你们唯一正确的选择。

320

第三节 儿童话剧小品训练

大山的呼唤

编剧：魏正元

指导教师：魏正元

时间：当代夏季

地点：大山村

剧中人物：山梅、杏花、夏菊、春草、石头、铁蛋

演员表

山梅——张世欣

杏花——李雨儿

夏菊——暴惟肖

春草——钟丹池

石头——郑润泽

铁蛋——杨浩铭

(幕启。山梅和杏花在王老师的窗下好像是在叮嘱着一些话语。

夏菊从远处急走直奔王老师住处,被山梅和杏花拦住)

　　夏菊：你们拦着我干什么？

山梅、杏花：夏菊，你来这干什么？

夏菊：我来看看王老师。

山梅：你不能进去。

杏花：对，你不能进去。

夏菊：为什么呀？

山梅：什么也不为。

杏花：反正你不能进去。

夏菊：闪开，我要看王老师。

山梅：你没资格看。

杏花：对，你没资格看。

夏菊：凭什么不让我看王老师。

山梅：你自己心里知道。

杏花：对，你自己心里知道。

夏菊：好，那我就在这儿等。（夏菊蹲在地上）

（春草、石头、铁蛋也急匆匆直奔王老师住所，被山梅和杏花拦住）

春草：你们拦着我们干什么？

石头：我们也没犯什么错误。

铁蛋：就是，凭什么呀？

山梅：你们都是来看王老师的？

春草：没错。

石头：不看王老师到这儿来干啥。

铁蛋：就是嘛。

杏花：王老师说，今天她谁都不想见。

夏菊、春草、石头、铁蛋：为什么？

杏花：你们还有脸来，王老师都是被你们给气病的。

山梅：你们还好意思来。

石头：我来就是想要和王老师承认错误的。

铁蛋：我也是。

山梅：好了，好了，我看你们还是都回去吧。

杏花：对，大家都回去吧。

夏菊：那我们就在这窗下边和王老师说上几句。

春草：我也想在这跟王老师说几句。

石头：这总该可以吧？

铁蛋：我先说。

夏菊：这个主意是我提的我先说。

铁蛋：我先说，我先说。

夏菊：我先说，我先说。

山梅：停，现在王老师的病才刚刚好一点，你们能不能让老师安

静。

杏花:拿出点风格来嘛,一个说完一个再说。你,先说(对夏菊)。

夏菊:王老师,俺是夏菊呀。自打您生病以后,俺娘就天天对俺说:"夏菊呀,娘有病,下不了床。如今,你们王老师生病了,你可一定要替娘去看你们的王老师啊,她在你身上可没少下工夫呀!为了你能在学习上有进步、有出息,她可没少费力呀。"俺娘还说,只要王老师的病情能见好转,俺娘就是给菩萨多磕上几个头她也愿意。这是俺娘让俺给您带来的一包大红枣,她说,这枣补血又补气,吃了它,您一定会好起来的。王老师,请您收下这包大红枣吧!请您收下它吧!

石头:王老师,俺是石头呀!俺知道,俺平时没少惹您生气。为这,俺爹还痛打了我几顿。说我不懂事,不懂得尊敬师长。俺爹说,您对俺家不薄。特别是那年,俺得了一个肚子疼的病,在课堂上疼得直打滚的时候,您二话没说,背着我一口气走了好几里地的山路,到了公社卫生院才知道患的是急性阑尾炎。为了救俺,您还把当月的工资钱全都拿出来替俺交了医疗费。俺爹要还钱给您,可您说啥也不要。您还说,这大山村里的孩子都是您的学生。只要是您的学生您都会这样做的。俺爹还说,您病得很厉害,他在外面打工,一时半会儿也回不来,所以他就托人买了一棵老人参,让俺把它拿来,给您补补身子。王老师,您就把它收下吧!

春草:王老师,俺是您最疼爱的春草啊。俺这个留守娃的命也是您给的。今天,俺爷爷特意让俺给您拿来一个偏方。他说,这个偏方治

好过不少和您得过同样病的人。像您这样有胃疼病的人是吃一个好一个。今天,我把这个多年祖传的药方给您拿来了。您可一定要试一试呀!您一定得试一试呀!

铁蛋:王老师,俺是铁蛋。俺知道,您得的这个老胃病,都是让俺给气的。俺对不起您,俺以后再也不惹您生气了。要是再惹您生气,俺就让蜜蜂把俺的手给蜇肿了。王老师,俺以后再也不调皮,再也不让您生气了。

山梅:王老师,他们几个都表了态。

杏花:俺们俩也表个态。

山梅:俺山梅一定完成您交给俺的任务。

杏花:俺杏花也一定不辜负您对俺的希望。

山梅:您放心,早操前的国旗我会带领全班同学把它照常升起。

杏花:我们会把您教给我们的国歌唱得更响更亮。

山梅:俺们俩人共同写了一首诗歌。

杏花:想在一块儿读给您听。

(山梅、杏花朗读诗歌)

老师,亲爱的老师——您是我们心中的烛光,

照亮山村孩子的向往;

您是我们心中的彩霞,

在留守娃心波里荡漾;

您是天边的那道彩虹，

让我们看见了七色的光芒。

老师，亲爱的老师——您让我们山村娃有了文化，

您让我们有了知识，看见了光亮。(山梅、杏花哭泣)

春草、石头、铁蛋、夏菊：你们怎么哭了？

山梅：实话告诉你们吧，王老师今天一大早就让人给接走了。

夏菊、石头、铁蛋、春草：她去哪儿啦？

杏花：省城医院。

山梅：临走前，她还给咱们全班留下了一封信。

夏菊、石头、铁蛋、春草：信！快拿出来读给我们听听啊！

(山梅从怀里掏出信作阅读状。所有人围着看信做个造型)

(场光渐弱，一束追光和顶光打在同学们看信的脸上)

(王老师的画外音出现。同时，背景音乐歌曲《长大后我就成了你》渐入)

王老师：同学们，我知道你们一定会来看望我的。老师谢谢你们了！自从来到大山村，这几年里，我和你们朝夕相处有了深厚的感情。我知道同学们舍不得我走，可我也舍不得同学们呐！真的是打心眼儿里舍不得啊！老师这次进省城是和胃癌作斗争，大家不要为我担心，我一定争取早点回来和你们一块儿上课、一块儿学习。山梅和杏花，你们俩要领着同学们搞好班级建设。夏菊和春草，你们要起到中坚和

骨干的力量！石头，你要百尺竿头更进一步。我最惦记的就是铁蛋，他是个留守娃娃，他又得完成学业，还得照顾患病的爷爷奶奶。希望大家伸把手帮帮他，好吗！？ 老师要走了，没什么好送给大家的。

同学们，再见了！你们的王老师。

山梅、杏花、夏菊、石头、铁蛋、春草(共同哭泣高声向远方喊着)：

王——老——师！

祝——您——健——康！

我——们——想——念——您！

(起音乐烘托气氛。众造型亮相)

远山的红烛(话剧小品)

编剧：魏正元

时间：当代

地点：东北某农村红烛小学被洪水围困的山坡上

人物：大山，男学生，12 岁

　　　山花，女学生，13 岁

(幕启。天上乌云翻滚，远处电闪雷鸣，似乎可以听到山下河水流淌的声音)

(大山像一头猛兽在奔跑着，呼喊着)

大山：老天爷，我求求你啦！你能不能别跟着凑热闹。再不行，我

就跪在这连磕一百个响头求你。老天爷,这是俺们唯一的一个学习文化的地方。你要真是想和这场大水一块来淹没俺们这所红烛小学,我们这些山村的孩子可就真惨了。(风雨仍不停地刮着、下着)我说老天爷,你到底儿听没听见我说的话?你要真把这个学校给弄毁了,我就死给你看。老天爷,你听见没有?(狂喊)听见没有,听见没有?(大山的哭声和风声、雨声交织在一起)啊!(大山呜咽着跪地哭起来)

(大山在风雨声中茫然四顾,眼神呆滞,坐在升队旗的土台阶上)

大山:老天爷呀,老天爷,你可真不够哥们儿意思。从现在开始我奉陪你到底。

(风雨声渐渐弱了下来。远处传来山花的喊声:"喂……那边那个同学,你赶快从校区撤下来!叫你呐,喂……你听见没有?")

山花:(手拿一个马车轮胎从远处跑上)哎,(对大山)我刚才叫你半天把嗓子都喊破了,你听见没有?

(大山扭头看了山花一眼,不理睬她)

山花:全校的同学都撤走了,李老师让我看看还有没有落下的同学。果不其然,还真有像你这么不守纪律的人。行啦,洪水马上就要把这给淹没了,赶快跟我走吧。走哇,(见大山不动,生气)我说你是聋子,还是哑巴。

大山:你才是聋子和哑巴呢。

山花:不聋不哑,你为什么不跟我走呢?

大山:上哪儿去?

山花:离开学校,赶快和大家一起撤离洪水包围区呀。

大山:离开学校,撤离洪水包围区?

山花:对呀。

大山:说啥,知道不? 这里是红烛小学校,是远近十里八村唯一一个我们能念书的学校。这个地方很神圣。

山花:什么神圣妖圣的,山洪马上就要爆发了。再晚走一会儿,咱俩就都没命了。

大山:怕死,你就先走吧。

山花:哎呀,我说这位同学。你怎这么难缠。都啥时候了你还待在这不走。

大山:我走不走和你有啥关系?

山花:有关系。我是红烛小学校的大队委员会的委员。

大山:呀嗬,我咋没听说过呢? 你是啥时候冒出来的?

山花:你说话要尊重人。

大山:对不起,算我大山把话说错了行不? 现在我把说错的话收回来,你可以走了。

山花:大山,你叫大山?

大山:我不叫大山,那你叫大山哪?

山花:说了半天,我们也该认识一下了。我叫山花,是上个月从丁

家屯转到这来上学的。

大山：怪不得我不认识你呢。

山花：现在认识了，该跟我走了吧。

大山：认识你就得跟你走啊？

山花：不走你想干啥？

大山：我想死，你管得着嘛？

山花：这要看你怎么个死法。你要是自己想不开一个人想寻死，别人看不见也就算了。可我这是在执行学校和李老师交给我的任务。我必须得把你带走。

大山：这可由不得你。这得看我的心情好不好。

山花：大山同学，你是不是那根神经出了毛病？要不然你就是疯了。

大山：你才疯了，你才有神经病呢。

山花：那好。既然你没毛病，现在就赶快跟我一块走。(上前拉大山，大山不动)你、你、你……到底想要干什么？

大山：我刚才不是说了吗，我想死。

山花：要死也得死得值得呀。就像你这样平白无故地去死，这追悼会都没法给你开。这个给你留下。(把救生圈给大山)我走了。(欲走)

大山：你的命比我值钱，还是留着给你自己用吧。

山花：大山同学。我知道在这个时候谁的心情都不好受。

大山：你也知道不好受？

山花：我和你的心情是一样的。

大山：如果你真心想救我，我求你一件事，你能答应吗？

山花：只要你同意跟我一块离开这儿，别说是一件事，就是十件、二十件，我都答应你。

大山：那好，借给我点钱。

山花：借钱？

大山：对，借钱。

山花：这都什么时候了，你借钱要紧，还是保命要紧？

大山：借，还是不借。

山花：钱的事好说，等咱俩离开这儿，我马上就……

大山：马上借给我，对不？

山花：对呀。

大山：拿来。

山花：什么？

大山：钱哪！

山花：大山同学，刚才我不是说了吗，不离开这里，你让我上哪儿给你弄钱去。

大山：行啦！你别在这逗我玩了。告诉你，没有钱，我哪也不去。

山花:钱、钱、钱。我真不明白,你为啥就认识钱。

大山:没钱,我就还不了自己曾经许下过的一个心愿。好了,现在你可以自己走了。

山花:我不能走。

大山:为什么?

山花:为了你呀!

大山:为我?

山花:对! 为你。

大山:啊! 我明白了。

山花:明白什么?

大山:你是想当一个时代的少年英雄对不对呀? (见山花不语)看来,我说没错。

山花:当英雄有什么不好。

大山:好哇! 可惜呀,今天你是当不上这个英雄了。请你换个地方去当吧,我这可是不买你的账。(坐石阶上)

山花:现在没工夫跟你磨牙,你不走,我也不走了。(走近大山对背而坐)

大山:行了,还是去当你的英雄去吧。(抓起救生圈扔向远方)

山花:你……(捡起救生圈)

大山:哈哈哈。(大笑)

山花：你，(对大山)你就这样拿别人当儿戏耍？你知道吗，这救生圈是咱们红烛小学的校长和李老师特意交给我的，让我拿着它来救你的命的。好！你要是真想死，也没人管你。但你也不能拿别人的性命开玩笑。可你想死，为什么还不死？你以为我这是在哀求你吗？错了！我是以一个少先队员的身份在执行李老师交给我的任务。你想过吗？有多少人在惦记着被洪水围困着的你和我？你对得起你的家长吗？对得起李老师吗？对得起咱们这座红烛小学校的全体老师和同学们吗？(大声哭起来)

大山：我知道，我谁都对不起。更对不起咱们的李老师。为了提高我的学习成绩李老师没年没节，更没有星期天地为我到家里补课。可我的学习成绩就是上不来。多少次考试，都因为我的考试成绩差，而拖了班级的后腿。可是，我也想进步也想撵上去。所以，我暗暗许下了一个心愿。我想买上一百支红蜡烛，把整个学校都照亮。让所有人都知道我肖大山在学习上不是一个无能的人。就为这，我给自己还起了一个名字，叫"肖红烛"。我就想让大家都知道肖红烛虽然今天不能成为一支照亮别人而燃烧自己的红蜡烛。可终归有一天，我会成为一支真正的蜡烛去照亮别人。

山花：你有这种想法为什么不早说？

大山：就是我说了也没人相信呐。

山花：不，大山同学。请你记住，红烛小学的老师和同学没有一个

人看不起你。倒是你自己看不起你自己。不然,为什么李老师三番五次地给你去补课?全班的同学都那么关心你。你可曾想过,你用自己的生命来和自己较劲,这是不值得的。既然你想成为一支可以燃烧的红蜡烛,从现在开始,你就应该把自己心里的那支红蜡烛点起来!等这场洪水过去之后,我和全班同学一定帮你买上一百支红蜡烛实现你的心愿,你说行吗?

大山:你说话可要算数。

山花:如果我现在就可以满足你这个心愿呐?

大山:我二话不说,立马就跟你走!

山花:说话可得算数。

大山:如果我说话不算数,我就不叫肖大山。

山花:好!你看那是什么?(指远处)

大山:红蜡烛!

(远山即天幕上出现用一百支红蜡烛燃亮并编成的"红烛小学"四个大字。山花手里的手机响起来)

大山:这是怎么回事?

山花:知道了。(点头,把手机递给大山)

(手机里传来李老师的话外音)

李老师:肖大山同学,你平时是一个爱班级、爱同学和爱劳动的好学生。虽然你的学习成绩差,可你只要努力,你就一定会赶上来的。

这一百支红蜡烛是全校师生为你特意准备的。洪水马上就要到了,希望你赶快和山花撤离洪水危险区,我们在这边等着你!

大山:李——老——师!

(大山背山花造型)

(风声、闪电、雷声……)

(远处的红烛越烧越亮)

(剧终)

附　录

第一节　少儿主持人的气质与培养

在生活中，有许多人只注意穿着打扮，并不注意自己气质的培养。亮丽的容貌，时尚的服饰，精心的打扮都可以给人以美感，而气质美却不受年纪、服饰和打扮的局限。气质美首先表现在一个人的文化修养和丰富的内心世界，同时也包括一个人的品德美。气质美看似无形，实则有形。从一个人的举止、言谈、待人接物，甚至于一举手一投足都可以表现出来。比如：爱好文学并有一定表达能力，欣赏音乐又有很强的乐感，喜欢美术而有基本的色调感等。

第二节　参加少儿主持人大赛时的服饰选择

1.参加新闻类主持大赛要庄重。

2.参加综艺类主持大赛要灵活。

3.参加谈话类节目要依照内容选择穿戴。

4.不论主持哪一类节目,主持人都必须给观众一种亲切感和自然感。

第三节　参加少儿主持人大赛才艺展示作品的选择

凡参加各种少儿主持人大赛与才艺展示的同学可从《少儿有声语言艺术训练丛书》的以下教材和作品中进行选择:

1.《少儿诗歌散文故事集——少儿才艺展示》丛书。

2.《少儿快板集——少儿才艺展示》丛书。

3.《少儿相声集——少儿才艺展示》丛书。

4.《少儿小品集——少儿才艺展示》丛书。

后　记

这套《少儿有声语言训练丛书》是我在从事戏剧艺术理论研究之余,集 40 多年的课堂艺术教学与实践经验总结,又经广大学生和家长们的推崇与要求,利用业余时间编写而成,共分为十部:

1.《少儿主持与语言训练专家》:

①基础篇(4~6 周岁);

②成长篇(7~9 周岁);

③提高篇(10~12 周岁);

④高级篇(13~15 周岁)。

2.《少儿主持人才艺展示》:

①少儿快板集;

②少儿相声集;

③少儿戏剧小品集;

④少儿诗歌散文故事集。

3.《影视戏剧台词表演训练》。

4.《文学艺术作品诵读技巧》。

这套丛书中所涉及的诗歌、寓言、童话、故事、演讲、童谣、儿童歌词、小快板、小相声、小品、童话剧、童话故事剧等,皆由本人进行编辑、创作,经课堂实践验证,部分作品在全国各种少儿主持人大赛中参赛获奖。同时,还是黑龙江省新农村建设艺术团、"哈尔滨之夏"音乐会、哈尔滨市少年宫——50年宫庆及省市电视台举办的各类汇演和各种社会公益性等大型演出的参赛作品。在获得观众和家长认可后,逐步纳入这套"系列"教材之中。还有一些是撷取我在各大报纸杂志上发表的各种文学作品以及在日常教学中深受广大家长和学生喜爱的课堂教材。

在这里我要特别感谢金慧龙先生在这10部专著中为之付出的努力,张润东先生、倪志敏女士、关淑霞女士、满亚茹女士和肖克宇女士在书稿前期为各部类书稿成书所付出的心血。

更要特别感谢支持我出版此丛书的吴杰、刘文凤、史秋菊女士、王少伟、万国宇先生以及喜欢阅读这套系列丛书的读者朋友,在此一并致谢。

最后,更要感谢我的家人多年来对我编写这套丛书的理解和支持。

　　这里,当然更要特别感谢的是和我相濡以沫多年的夫人,还有远在上海工作的女儿的支持,没有她们无微不至的关怀,我也不会很快地完成这套丛书的全部书稿,她们是我全部的精神支柱。

魏正元